모든 지도가
당신에게 닿는다

모든 지도가 당신에게 닿는다

발행일	2025년 12월 22일

지은이 양범
펴낸이 손형국
펴낸곳 (주)북랩

출판등록 2004. 12. 1(제2012-000051호)
주소   서울특별시 금천구 가산디지털 1로 168, 우림라이온스밸리 B동 B111호, B113~115호
홈페이지 www.book.co.kr
전화번호 (02)2026-5777   팩스   (02)3159-9637

ISBN   979-11-7224-988-5 04810 (종이책)   979-11-7224-989-2 05810 (전자책)
        979-11-7598-042-6 04810 (세트)

잘못된 책은 구입한 곳에서 교환해드립니다.
이 책은 저작권법에 따라 보호받는 저작물이므로 무단 전재와 복제를 금합니다.
본 도서는 (주)북랩이 보유한 리코 인쇄 장비 등 자체 생산 인프라를 통해 제작되었습니다.

작가 연락처 문의 ▶ ask.book.co.kr
전용 게시판에 문의를 남기시면 저자에게 직접 전달됩니다.

(주)북랩 성공출판의 파트너
북랩 홈페이지와 SNS에서 다양한 출판 솔루션을 만나 보세요!

홈페이지 book.co.kr • **블로그** blog.naver.com/essaybook • **출판문의** text@book.co.kr
카톡채널 북랩

범필로그
산문시집 ❸ 집

모든 지도가
당신에게 닿는다

양범 지음

당신이 지나온 모든 흉터가
당신을 데리온 길이었다

북랩

작가의 말

당신의 길 위에서

이제는 멀리까지 가지 않아도 됩니다. 오래 걸어왔고, 충분히 버텼습니다.

비를 맞기도 하고 길을 잃기도 했지만, 그 모든 날이 결국 지금의 우리를 데려왔습니다.

지도는 종이 위에 그려졌지만, 길은 사람의 마음 위에 그려졌습니다.
당신의 얼굴과 목소리 안에서 방향을 배웠습니다.

이 시를 쓰는 동안 자주 멈춰 서서 숨을 고르곤 했습니다. 무엇을 위로해야 할지, 어떤 말을 건네야 할지 몰랐습니다. 그럴 때마다 떠오른 건 늘 당신이었습니다. 늦은 밤, 불 켜진 부엌, 창가에 기대 잠시 쉬던 그 얼굴, 그 평범한 풍경들이 문장이 되었습니다.

이제는 누군가를 위로하려 하지 않습니다. 다만 같은 자리에서 잠시 앉아 있고 싶을 뿐입니다. 괜찮다는 말대신 라면 하나 같이 끓여 먹으며 "그래도 오늘 여기까지 왔네요." 그 한마디면 충분합니다.

당신의 삶에도 분명 지워지지 않는 길이 있을 겁니다. 그 길이 아무리 더디고 굽이쳐도, 결국은 누군가의 마음으로 닿게 되어 있다는 걸 믿습니다.

이 시는 그 믿음의 기록입니다. 한 사람의 발자국이 또 다른 사람의 위로가 되기를,
그리고 오늘도 당신이 잘 버텨주기를 바랍니다.

목차

작가의 말 ··· 4

제1부 세상이라는 낯선 지도

수레 끈의 길 ··· 15

오마하의 현자들 ··· 17

굳은살 ··· 20

85점짜리 인생 ··· 23

배알 ··· 26

오답 노트 ··· 29

낡은 설명서 ··· 32

썩은 과일 ··· 34

소관이 아닙니다 ··· 37

룸미러 ··· 40

거울 ··· 43

마지막 자이언츠 ··· 46

제2부 수면 아래 잠겨 있던 길

마지막 부재중 전화 … 55

걱정이라는 유산 … 58

두 개의 등대 … 61

성벽(城壁) … 64

영도다리 … 66

금샘(金井) … 69

보이지 않는 원천(源泉) … 72

수면 아래의 길, 물 위의 나 … 74

제3부 우리는 서로의 처마가 되었다

세상에서 가장 작은 지붕 … 87

내력이 비슷한 사람 … 89

노란 집의 초대장 … 92

밥상 … 94

칼과 문턱　　… 97

느슨한 관계　　… 100

건너지 않는 다리　　… 103

질문　… 106

주문진에서는 파도 소리로 운다　… 109

자갈치 아지매　　… 111

검은 깃털의 강(江)　　… 114

별을 핥는 꿈　　… 118

제4부 모든 지도는 결국 당신에게 닿는다

안개 지도　　… 123

테세우스의 배　　… 126

서로 다른 지도　　… 129

소실점　… 132

중첩(重疊)　　… 134

먼 그대에게 … 136

첫 번째 손가락 … 139

이 빠진 찻잔 … 142

금이 간 그릇 … 145

깊은 맛 … 148

세트 메뉴 … 150

보폭 … 153

오늘이라는 이름의 '그때' … 156

빛나는 매일 … 159

말 없는 것들의 역사 … 161

성소(聖所) ― 횡성 풍수원 성당에서 … 164

경포, 난설헌의 눈물 … 167

강릉에는 커피가 내린다 … 169

오죽(烏竹)하면 … 171

지도 밖의 길 … 173

대관령 해설피 … 183

첫눈의 온도 … 186

너라는 별자리 … 189

[범필로그] 당신에게 닿으며 … 191
함께 걸어준 당신에게 … 193

제1부

세상이라는 낯선 지도

매일 같은 길을 걸으며 길을 잃었다.
지도를 외웠지만, 마음의 방향은 늘 어긋났다.
걷다 보면 알게 된다.
길은 외워서 가는 게 아니라,
사람을 만나며 만들어지는 것임을.
돌아보면 발자국마다 낯선 나 자신이 서 있다.

수레 끈의 길

숨이, 턱까지 찬다.
하늘과 맞닿은 낡은 물탱크 아래,
길은 제 몸을 비틀며 아득하게 기어오르고
발밑의 동네는, 소리 없이 가라앉는다.

마을버스는 급커브를 돌 때마다
죽어가는 짐승처럼 신음하고,
위태로운 담벼락에 기댄 연탄재들은
지난겨울의 차가운 흉터다.
짠 내 밴 빨래들이 젖은 항복의 깃발처럼 나부낀다.

길이 아니었다, 처음부터.

평지에 발붙일 곳 없던 이들이
제 몸을 부려놓아 겨우 낸, 절박한 첫걸음.
등에 짊어진 생의 무게로 다져지고 패여
이 동네의 지워지지 않는 흉터가 된 길.

이 지독한 기울기가
등 전체로, 무언가를 기억하라 짓누른다.
아, 이 길 전체가
평생 평지만 달리셨던 어머니의
어깨를 파고들던, 그 낡은 수레 끈의
자국이었구나.

나는 오늘도 이 길을 오른다.
성공이 아니라, 생존을 위해.
내 닳아빠진 구두 굽 소리는
어머니의 삐걱이던 바퀴 소리에 대한
아들의, 늦고 서툰 메아리다.

오마하의 현자들

오마하의 현자는 말했지.
절대, 돈을 잃지 말라고.
위대한 기업이라면 평생, 팔지 말라고.
사람들은 그 말을 나침반처럼 품고
제 벽에다, 성공의 부적처럼 걸어 놓는다.

나는 그 말을,
아이의 학원비 고지서를 받아 들고서야 읽는다.
그들의 시간은 십 년 단위로 느긋하게 흐르지만,
우리의 시간은 월급날과 카드값 사이,
그 아슬아슬한 다리 위를 헐떡이며 건너간다.

인내심을 가지라는 조언은,
당장 내일의 끼니를 걱정해야 하는 자에게는
얼마나 멀고, 아득한 별빛인가.

'아는 것에 투자하라'고?
내가 아는 것이라곤,
새벽 네 시의 축축한 공기와 아내의 한숨뿐,
그리고 이 지긋지긋한 가난뿐인데.
나는 나의 실패에 투자해야 했는가.

우리가 위대한 기업의 주식을 판 것이 아니다.
다만, 오늘 저녁 아이의 웃음 한 조각을 위해
어제의 희망을, 약간의 이문을 붙여 팔았을 뿐.

우리가 그 파란 불빛에 던졌던 것은 탐욕이 아니었다.
조금 덜 미안하고 싶어서,
조금 더 웃게 해주고 싶어서,

내 모든 것을 걸었던, 서툰 사랑이었다.

그들의 법칙은 틀리지 않았다.
다만, 사는 세상이 달랐을 뿐.
그들의 법칙은
가진 자들의 성(城)을 지키는 주문이었고,
우리는 맨몸으로 성벽을 기어오르는 병사였으니.

그러니 오늘 밤은 그만, 스마트폰을 덮자.
숫자가 아닌,
곁에서 잠든 이의 숨소리를 세어보자.
그 고르고 고른 숨소리야말로,
우리가 평생 팔지 말아야 할,
단 하나의 우량주(優良株)일 테니.

굳은살

세상은 '그릿(Grit)'이라는 말을 훈장처럼 떠들어댄다.
재능보다 열정, 끈기가 중요하다고.
나는 그 말을, 뻐근한 어깨를 주무르며 듣는다.

내게 재능이 있었다면,
그건 실패하는 재능이었고
내게 열정이 있었다면,
그건 빚을 갚는 열정이었다.

나의 끈기란,
정상을 향한 빛나는 행군이 아니라
그저, 어제와 똑같은 오늘 하루를
무너지지 않고 건너는, 지독한 버티기였다.

천재들은 번뜩이는 영감으로 길을 내지만,

우리는 맨땅에 무릎을 찧어가며,

겨우 한 뼘의 길을 낸다.

수없이 넘어지며 살갗이 벗겨진 자리에

길은, 흉터처럼 남겨진다.

재능이 없다고,

서러워한 날들이 있었다.

그러나 보라. 내 손바닥에 박힌 이 단단한 이름들을.

이것은 실패의 낙인이 아니다.

넘어져도, 다시 거친 땅을 짚고 일어섰던 손바닥의 기억.

가장 소중한 것들을 지켜내기 위해

맨손으로 버텨온 날들이 새겨준,

서툰 사랑의 인장(印章)이다.

언젠가,

세상이 내게 무엇을 이뤘냐고 묻는다면

나는 그저,

이 굳은살 박인 손을 묵묵히, 펴 보일 것이다.

내 모든 생이, 이 안에 있다고.

세상의 어떤 훈장보다 정직한, 나의 전부라고.

85점짜리 인생

핀이 박살 나는 경쾌한 소리.
한때는, 그것만이 인생의 정답이라 믿었다.
핀 하나라도 남으면, 그건 실패라고.
세상은 내 등 뒤에서,
가차 없이 X표를 그어댈 거라고.

그러나 삶이라는 레인 위에서,
공은 번번이, 옆구리로 빠져나갔고
남은 핀들은, 이 빠진 늙은이처럼 어설픈 모양으로,
나를 비웃으며 서 있었다.

나는 그 엉망진창이,

내 인생의 최종 점수인 줄 알았다.

이제야 나는 안다.
인생의 진짜 승부는,
화려한 스트라이크가 아니라
넘어진 나를 일으켜 세워,
두 번째 공을 쥐게 하는
그 막막한 침묵의 순간에 있었다는 것을.

첫 번째 공은 세상을 향해 던졌지만,
두 번째 공은, 당신을 향해 굴린다.

삶이란,
100점짜리 완벽함이 아니라
85점짜리 '충분히 괜찮음'으로,
기꺼이, 당신의 곁을 지키는 것이었음을.

나는 이제,

완벽한 아버지가 되기를 포기한다.

아내의 모든 말을 이해하려는 욕심도 버린다.

다만, 오늘 저녁 밥상에서 넘어진 반찬 하나를,

말없이 주워 담을 뿐이다.

그것이 내가 할 수 있는,

최선의 스페어 처리임을 알기에.

그러니 혹시 당신도,

쓰러지지 않은 핀들 앞에서 괴로워하고 있다면,

너무 자책하지 않았으면 한다.

넘어져도 괜찮다.

우리에겐 언제나,

두 번째 공이 남아 있으니.

배알

잠 못 드는 밤,
나는 남의 창문을 훔쳐본다.
하와이의 석양보다, 그 곁에 나란히 선 그림자가,
반짝이는 손목시계보다, 그 손을 잡고 있는 다른 손이,
근사한 레스토랑의 저녁 식사보다,
그 음식을 마주 보고 웃어주는 얼굴이,
내 명치끝을 턱, 막히게 한다.

나는 그들의 돈이 부러운 게 아니었다.
그 돈으로 살 수 없는 시간을,
그 온기를,
그 곁에 함께 웃고 있는 '당신'을

나는 밤새도록, 질투했다.
내 곁에는, 아무도 없었으므로.

알고리즘이라는 교활한 장사치는
밤새도록 내게 '함께'라는 상품을 전시한다.
나는, 그것이 독약인 줄 알면서도
밤새도록 그 잔을 비운다.

테스형은 말했지, 너 자신을 알라고.
미안한데, 테스형.
나는 오늘 밤만큼은, 나를 모르고 싶다.
이놈의 SNS가 자꾸만 일깨워주는
텅 빈 내 옆자리, 그 서늘한 진실을
나한테조차, 들키고 싶지 않다.

그래, 오늘 밤은 실컷 부러워하자.
내가 가지지 못한 저 빛나는 세상이 아니라,

그 세상의 한가운데서 당신과 함께 웃지 못하는

이 초라한 나를,

오늘 밤은 실컷, 미워하자.

내일 아침이면, 나는 또

아무렇지 않은 척, 이 텅 빈 방에서

혼자, 눈을 떠야 하니까.

오답 노트

세상은 내게 단 한 장의 모범 답안을 쥐여주고
똑같이 베껴 쓰라 했다.
구김 하나 없는 그들의 정답지 앞에서
내 너덜너덜한 답안지를 들킬세라
나는 평생, 나를 품 안에 감추고 살았다.

세상은 내가 푼 모든 문제 위에
붉은 펜으로, 가차 없이 X표를 그어댔다.
나는 이 시험을 망친, 구제 불능의 낙제생이었다.

모든 것이 끝났다고 생각한 밤,
나는 처음으로, 내가 버렸던 모든 시험지를 그러모았다.

반듯한 정답지는 쉬웠으나, 텅 비어 있었고
지우개 자국과 삐뚤빼뚤한 글씨로 너덜너덜한
나의 오답 노트에만, 내가 있었다.

왜 틀렸는지, 어디서 넘어졌는지,
어떻게 다시 일어나야 하는지
울면서, 맨몸으로 써 내려간
그 삐뚤빼뚤한 글씨들이야말로
내 삶의 유일한 문장이었음을.

정답은 나를 지워갔지만,
오답은 기어이, 나를 만들었다.

그러니 혹시 당신도,
지나온 길의 오답들 앞에서 괴로워하고 있다면,
그 너덜너덜한 시험지를, 부끄러워하지 말기를.
그것은 실패의 기록이 아니라,

당신이 얼마나 치열하게 길을 찾아 헤맸는지 보여주는
가장 정직한, 당신의 첫 문장이므로.

정답만 가득한 백지에는 결코 새겨질 수 없는,
상처 입은 당신만의 깊고 단단한 무늬.
그것이, 당신이라는 단 한 권의 책일 테니.

낡은 설명서

내 몸의 사용설명서를 나는, 읽지 않았다.
아버지의 마른기침 소리가 첫 번째 경고음이었고,
어머니의 갈라진 손등이 밑줄 그은 첫 장이었음을,
젊은 날의 나는 그 모든 페이지를 무심하게 넘겨버렸다.

내 것은 더 단단할 줄 알았다.
마음이라는 엔진을 과열시키고
인연의 톱니바퀴를 닳아 없어지도록 돌려댔다.
괜찮다, 괜찮다, 주문을 외는 동안
내 안의 부품들은 소리 없이, 삭아 내렸다.

이제 내 삐걱이는 무릎에서 아버지의 시간이 소리내어 울고
희미해진 눈가에는 어머니가 삼켰던 강물이 흐른다.
고장이 아니었다.
당신들의 시간이 내 몸으로 옮겨와
다시, 흐르는 것이었다.

그들은 온몸으로 닳아 없어지며
가지 말아야 할 길을 미리 지워 보여주었다.
가장 아픈 사랑은
종이가 아니라, 낡아가는 몸으로 쓰는 것이었음을.

나는 이제야
내 주름진 손등 위에서
당신들의 희미한 필체를, 읽는다.

썩은 과일

젊은 날, 나는
과일은 다, 단 줄 알았다.
겉이 번지르르하면, 그 붉은 빛깔이 탐스러우면,
속도 틀림없이 그럴 것이라 믿었다.
손에 쥐었을 때의 단단함까지도 의심 없이.
덥석, 한입 베어 물기 전까지는.

혀를 찌르는 시큼함, 속에서부터 차오르는 역한 악취.
나는 그 썩은 조각을 붙잡고 따져 물었다.
어째서 너는, 겉과 속이 다르냐고.
어째서 달콤한 척 나를 속였느냐고.

내 어리석은 분노에 과일은 속절없이 으스러지고,

결국 내 손에 남은 것은 끈적이는 진물과

아무리 씻어내도 지워지지 않는 역한 냄새뿐이었다.

한참을 앓고 나서야 알았다.

썩은 것은, 썩었을 뿐.

거기에는 이유도 변명도 슬픈 사연도 없다는 것을.

그것을 이해하려 애쓰는 순간,

내 손마저 더러워지고 내 시간마저 썩어간다는 것을.

가장 현명한 대처는 따지지도, 화내지도 않고

그저, 멀리 던져버리는 것이었음을.

내 소중한 밥상 위에는 함께 올릴 수 없음을

조용히, 그러나 단호하게 인정하는 것이었음을.

그러니 친구여,

썩은 과일을 맛보고 속이 상했다면,

너무 오래 그 씁쓸한 맛을 곱씹지 마라.

세상의 모든 과일을 의심하는 일은 얼마나 서글픈가.

우리의 임무는 썩은 것을 골라내는

날카로운 감시자가 아니라,

내 몫으로 남겨진 멀쩡한 과일들을

먼지를 닦고, 상처를 살피고, 소중히 보듬는 일일 테니.

그 서툰 정성, 그 조용한 집중이야말로

썩은 냄새들로부터, 나를 지키는

유일한 방법일 테니.

소관이 아닙니다

"소관이 아닙니다."
세상에서 가장 정중한 얼굴로
가장 견고한 벽을 쌓아 올리는 법.
그 무표정한 벽 앞에서
나는 언제나, 길 잃은 민원인이 된다.

그런데 문득, 거울을 본다.
집으로 돌아오는 길,
홧김에 들이켠 소주잔 너머로
아까 그 밉살스러운 얼굴이 어른거린다.
젠장, 내가, 거기 있었다.

아내의 지친 한숨 앞에서
나는 '기각' 도장을 찍고,
아이의 넘어진 무릎 앞에서는
'타 부서 이관'을 지시하던 얼굴.

어디서는 지금, 헬기 소리를 애타게 기다리는데
어디서는 지금, 아이가 숨을 삼키는데
우리는 두꺼운 안경 너머로, 그저 서류만 본다.
저 피가 우리 부서의 예산인지,
저 울음이 우리 과의 민원인지,
밤새도록 자를 대고 줄을 그으며 따지고 있다.

"절차가 그렇습니다."
"합의가 필요합니다."
"책임 소재가 불분명합니다."
그들의 펜 끝에서, 한 생명이 마침표처럼 찍혀 나간다.

소관(所管).

내가 책임질 수 있는, 딱 그만큼의 세상.

그 선 밖의 모든 슬픔과 모든 절망에 대해

기꺼이, 눈 감겠다는 서늘하고도 비겁한 선언.

우리는 모두, 제 이름 석 자짜리

외로운 왕국의, 군주였구나.

서로의 성문을 굳게 닫아건 채

'소관이 아닙니다' 중얼거리며

제 발밑의 땅이, 서서히 가라앉는 줄도 모른 채.

그러니 묻는다.

당신의 성벽은, 여전히 견고하십니까.

룸미러

밤마다, 나는 룸미러를 들여다본다.
그때, 그 길로 가지 말았어야 했는데.
그때, 그 손을 놓지 말았어야 했는데.
'만약'이라는 가상의 교차로 위에서
내 어제의 시간은, 수없이 길을 잃는다.

후회란, 그런 것이다.
이미 지나온 풍경에, 미련이라는 갓길 주차를 하고
한없이, 뒤만 돌아보는 일.
앞 유리는 오늘의 비로 얼룩지는데,
나는 기어이, 어제의 풍경만 닦고 또 닦는다.

젠장, 어리석었다.

과거를 슬퍼하느라, 조수석의 당신을 보지 못했다.

잃어버린 온기를 그리워하느라,

지금 내 손을 잡아주는 온기를, 당연하게 여겼다.

삶이란 선택의 연속이라지만,

어쩌면 선택보다 중요한 것은

그 선택 이후를, 살아내는 태도일지도 모른다.

후회란 지우는 것이 아니라,

다만, 오늘의 안전거리를 확인하기 위해

흘깃, 돌아보는 작은 거울일 뿐.

나는 이제, 룸미러에서 눈을 뗀다.

지나온 길은 바꿀 수 없지만,

앞으로의 핸들은, 온전히 내 손에 쥐어져 있으니.

'그때 왜 그랬을까'라는 낡은 질문을 지우고,
'지금 무엇을 할 것인가'라는 첫 질문 하나를,
먼지 쌓인 내 마음에, 새긴다.

거울

그가, 뒤틀린 거울 하나를 불쑥 내밀었다.
"이게 바로 당신이야."
그 서늘한 한마디에, 세상이 통째로 흉하게 일그러졌다.
나는 그날, 내 얼굴을 도둑맞았다.

첫 마음은, 그의 비웃는 낯짝 위로 돌멩이를 던지는 것이었다.
잠 못 드는 밤, 이가 갈리는 소리가 방 안에 가득했다.
수첩 첫 장에, 그의 이름을 칼날 같은 글씨로 새겨 넣었다.
반드시, 이 빚을 갚아주겠다고.

그러던 어느 아침,
아이가 서툰 솜씨로 내 얼굴을 그리는데, 문득 깨달았다.

그의 뒤틀린 거울이 아니라,
내 아이의 맑은 눈동자 속에, 진짜 내 얼굴이 있었다.

그의 거울을 깨는 것이 능사가 아니었다.
먼지 쌓인 내 거울을, 내 손으로 직접 닦아야 했다.
그날 이후, 나는 매일 허리를 굽혔다.
실패의 기억이 박인 거친 손바닥으로,
가족의 웃음소리가 깃든 맑은 물을 길어,
보이지 않는 내면의 녹을 닦고 또 닦았다.

시간이 흘러, 어느 길모퉁이에서
우리는 우연히 마주쳤다.
그는 여전히, 다른 누군가에게 뒤틀린 거울을 팔고 있었다.
나는 그를 지나쳐,
길 건너 낡은 쇼윈도에 비친 나를 보았다.
희끗한 머리칼과 제법 깊어진 주름,
그리고 그 곁에서 무심하게 웃어주는 아내의 얼굴.

그제야 알았다.
가장 완벽한 복수는,
그의 거울을 박살 내는 것이 아니라
내 거울이 너무 맑아져서,
그의 거울 따위는 들여다볼 필요조차 없게
만드는 것이었음을.

그 지독한 모욕 덕분에,
나는 비로소 내 얼굴을 되찾았다.
젠장, 고맙다고 해야 하나.

마지막 자이언츠

일천구백팔십팔 년, 서울 정릉의 하늘은
늘 한 가지 색이었다.
모두가 푸른 잠바를 입고 잠실을 향해 소리칠 때,
나는 잿빛 세상 속, 홀로 떠 있는 섬이었다.
전기가 끊긴 저녁처럼 고요한 내 작은 골방.
세상의 모든 함성은 나를 비껴갔다.

그날, 어머니가 사 오신 꼬깔콘 한 봉지.
눅눅한 시간의 냄새를 뚫고 번지던
짜디짠 위로의 냄새.
봉투 안쪽 은박지에 인쇄된 네모난 약속 하나를
나는, 가위로 조심스럽게 오려냈다.

이 지루한 세상의 궤도를 벗어나게 해달라는,

나만의 색깔을 갖게 해달라는 소년의 서툰 기도.

그리고 며칠 뒤, 기적처럼 날아온 플라스틱 카드 한 장.

'롯데자이언츠 유소년 야구단 회원증.'

그 위에 선명하게 박힌, 심장을 뛰게 하는 붉은색.

나의 잿빛 세상에, 너는

처음으로 번진 붉은 피였다.

나는 더 이상 외로운 섬이 아니었다.

나는 그렇게, 정릉의 마지막 자이언츠가 되었다.

나의 선택이 틀리지 않았음을 증명해 줄 신화가 필요했다.

일천구백팔십사 년, 한 사나이가 마운드에 올랐다.

열흘 동안 다섯 번의 등판.

뼈와 살이 으스러지는 소리를 삼키며, 그는

홀로, 전쟁을 끝냈다.

마지막 타자를 돌려세우고 그가 뱉은 첫마디,
"아이고, 자고 싶어요."
아, 영광이란 이토록 처절하고 고독한 것이었구나.
최동원. 잿빛 소년의 첫 번째 기도는, 그의 이름이었다.

그리고 팔 년 뒤,
화려한 홈런 대신, 끈질긴 소총 부대가
두 번째 왕조를 세웠다.
두 번의 우승. 그것은 우연이 아니었다.
그 눈부신 기억은 이후 삼십 년을 버티게 할 유일한 양식이자,
벗어날 수 없는 지독한 족쇄가 되었다.

기쁨의 시간은 짧았다. 우리는 '꼴데'라 불렸다.
절망보다 잔인한 것은 희망이었다. 우리는 '봄데'가 되었다.
벚꽃이 필 때면 속고 또 속으면서도 기꺼이 열광했고,
여름이면 어김없이, 심장이 녹아내렸다.
8회까지 이기던 경기가 9회에 뒤집히는 밤이면,

차가운 벽에 부딪혀 부서진 것은 내 주먹뿐이었다.

그런데 이상한 일이었다.
팀이 약해질수록, 우리의 목소리는 더 커졌다.
패배가 쌓여갈수록, 사직구장은 더 뜨겁게 타올랐다.
승리가 없었기에, 우리는 우리 스스로 축제가 되어야 했다.
주황색 비닐봉지를 머리에 쓰고, 찢은 신문지를 흔들며
우리는 야구를 보러 간 것이 아니었다.
서로의 멱살을 잡고 함께 울어줄 동지를, 확인하러 갔다.
수만 명이 함께 부르는 '부산 갈매기'는
패배에 지친 영혼을 달래는 진혼곡이자,
내일은 기필코 이기리라는 절박한 희망가였다.
암흑기 속에서도 별은 떴다.
'조선의 4번 타자' 이대호.
모든 것을 이룬 남자가 마지막 꿈을 위해 돌아왔지만,
우리는 끝내, 함께 울지 못했다.
그가 떠나던 날, 우리는 한 시대를 떠나보냈다.

트로피가 없어도, 함께 앓아누운 시간이 우리의 역사였음을.

이제 마흔을 훌쩍 넘은 나는,
사직구장 관중석에 앉아 지난 세월을 생각한다.
한쪽 어깨엔 영광을, 다른 쪽 어깨엔 절망을 짊어지고
희망과 체념 사이의 외줄 위를 위태롭게 걸어왔다.
수없이 떨어질 뻔했고, 몇 번이고 포기하고 싶었다.

하지만 돌아보면, 그 줄 위에서의 모든 순간이 나였다.
정릉의 골방에서 홀로 웅크렸던 소년.
그 소년이 버텨준 모든 밤들이 있었기에,
오늘의 내가 이 자리에 있다.

내년 봄에도 나는 또 속을 것이고,
여름이면 또 절망할 것이며,
9회 말 2아웃에 등판한 마무리 투수를 보며
또 가슴 졸일 것이다.

그래도 괜찮다.

화려한 솔로 홈런보다,

함께 만드는 희생 번트가 낫다.

나는 꼬깔콘 봉지 속에서 시작된 이 길고 긴 짝사랑을,

나의 모든 날들을, 그럼에도 불구하고 긍정한다.

승리 대신 함성을 택했던,

나의 모든 계절을 사랑한다.

제2부 수면 아래 잠겨 있던 길

그 깊은 곳에는 이름이 없는 울음이 있다.

말하지 못한 말들이 그곳에서 천천히 부패하고,

그 냄새가 그리움이 된다.

누군가를 잊지 못한다는 건,

그의 시간을 내 안에서 계속 살게 두는 일이다.

물 아래로 가라앉은 얼굴들이

오늘의 나를 떠받치고 있다.

마지막 부재중 전화

아버지의 유품을 정리하다가,
가족 모두가 오래전 버린, 그 이름 석 자를 발견했다.
서랍 가장 깊은 곳, 낡은 핸드폰 하나.
마지막 온기를 그러모으듯, 희미하게 켜지는 액정.

통화 기록을 눌렀다.
맨 위에 찍힌 '막내아들'과의 마지막 통화.
일 분 하고 이십 초.
"네, 아버지. 바빠요. 이따 전화 드릴게요."
그것이, 내가 당신에게 그은 마지막 선이었다.

무심코, 통화 목록을 위로,

한참을, 한참을 올렸다.

그리고 나는, 숨을 멈췄다.

'막내아들'

'막내아들'

'막내아들'

가족 모두가 당신을 지워버린 그 세월 속에서,

당신에게는, 세상에 나 하나뿐이었는데.

내가 받지 않았던, 아니,

나마저 귀찮아 외면했던 수백 통의 부재중 전화.

그 순간, 나는 알았다.

나의 원망보다 당신의 외로움이 훨씬 더 깊었음을.

내가 놓아버린 그 마지막 끈을,

당신은 생의 마지막까지 놓지 못하고 있었음을.

나는 그 밤, 잠들지 못하고
없는 번호를 향해, 처음으로 물었다.
아버지, 그 수백 통의 침묵 너머로
당신이 진짜 하고 싶었던 말은

미안하다는 말이었습니까,
아니면, 사랑한다는 말이었습니까.

걱정이라는 유산

어머니는 평생, 일을 손에서 놓지 못했다.
내 물려줄 게 근면 성실밖에 더 있냐,
닳아빠진 무릎을 문지르며 입버릇처럼 말씀하셨지.
그 성실이 당신을 다 갉아먹은 후,
평생 무언가를 쥐고 있던 어머니의 손은
비로소, 전화기를 붙잡았다.

이제 당신의 유일한 일은, 걱정이다.
자식들은 어디 아픈 덴 없는지,
하는 일은 잘 되어가는지,
밥은, 제때 챙겨 먹고 다니는지.

수화기 너머로 쏟아지는 그 눅눅한 질문들 앞에서
나는, 괜찮은 아들이 되기 위해 거짓말을 배운다.
"그럼요, 다 잘돼요. 걱정 마세요."
내 삶의 모든 흠집과 균열 위로
나는 능숙한 거짓말을 덧댄다.

나는 당신처럼 늙지 않으리라, 다짐했었다.
내 늙은 저녁에는 취미와 친구와,
그리고 당신이 있을 거라고.
아내의 손을 잡고, 가보지 못한 길을 걸을 거라고.

그런데 문득, 딸의 사진을 들여다보는
아내의 뒷모습에서,
나는, 당신의 얼굴을 본다.
여자는 남자보다 오래 산다는데,
내가 없어진 세상에서 저 여자는,
또 다른 '어머니'가 되어

우리 딸들의 안부를 물으며, 남은 생을 보내게 될까.

아, 어머니가 내게 물려주신 것은
근면 성실이 아니었다.
이 지독한 '걱정'이라는 유산.
사랑이라는 이름으로, 서로의 삶을
가장 깊은 곳에서부터 갉아먹는
이 서글픈 대물림.

나는 오늘, 아내의 어깨를 말없이 주무른다.
그 작고 단단한 어깨에서, 문득
평생 등짐을 져온 어머니의
마른 등뼈가, 만져졌다.

차마, 당신의 생도 저 등뼈처럼 닳지는 말라는
그 잔인한 기도를, 목구멍 아래로
간신히, 삼킨다.

두 개의 등대

십 분.
우리 집 저녁 식사가 끝나는 시간.
수저 놓는 소리가 마침표처럼 찍히면,
가족은 각자의 섬으로 흩어진다.
고요만이 식은 국그릇 위로
허옇게, 제 몸을 피워 올린다.

나는 등대가 되려 한 적 없었다.
아버지라는 텅 빈 항로를 메우려
너희의 뱃머리를 핥아주는
다정한 파도가 되고 싶었다.
내 딸들은 부디, 어둡지 말라고.

그런데 돌아보니,
나 역시 무뚝뚝한 등대지기가 되어
가장 가까운 항구를 비추지 못하고 있었다.
세 번 차려지는 저녁상.
홀로 설거지하는 아내의 굽은 등을 보며,
안쓰러움과 원망 사이에서 나는, 또 길을 잃는다.

저 여자는 왜, 한 번만 차리겠다 소리치지 못하는 걸까.
그럼 우리, 억지로라도 얼굴 한번 더 볼 텐데.

아,
아버지라는 지도가 없던 내가
홀로 빛을 찾는 법만 배웠듯,
어머니라는 항구가 없던 당신 또한
홀로 불을 밝히는 법만 배웠구나.
우리는 서로의 섬을 비추지 못한 채,
각자의 자리에서 깜빡이는, 두 개의 등대였구나.

괜찮다.

서로를 비추지 못해 생긴 저 캄캄한 바다 덕분에,

우리 딸들은

세상에서 가장 환한 두 개의 불빛 아래서

제 갈 길을 잃지 않을 테니.

그것으로, 되었다.

성벽(城壁)

아버지는 내게, 성벽을 물려주셨다.
능선 위에 끝도 없이 이어진 저 말이 없는 단호함.
그 길고 서늘한 그림자는 내 안으로 들어와
평생을, 나를 가두었다.

나는 몰랐다.
그 성벽 안, 척박한 땅에서
아버지는 썩어가는 침묵으로, 독한 술을 빚고 있었다는 것을.
가장 아픈 것들 속에서 기어이 향기를 길어 올리는
그 지독한 생명력이야말로,
당신이 평생을 지키려 했던 전부였음을.

나는 오늘, 허물어진 성벽 틈으로
바람이 실어 나르는, 아버지의 유언을 듣는다.

이 성벽은 적을 막기 위함이 아니었다.
우리 가족의 말 못 할 슬픔 하나가
세상 밖으로 새어 나가지 못하도록,
아버지가 제 몸으로 둘러친, 거대한 흉터였다.

나는 이제 이 성벽의 무게를 안다.
저물녘, 성벽의 그림자가
내 아이의 어깨 위로 길어지는 것을 본다.

아버지, 당신의 그 지독한 침묵을
나는 오늘,
가장 아픈 유산으로, 기꺼이 물려받는다.

영도다리

안개는, 이 도시의 오래된 한숨이다.
돌아오지 못한 이름들을 삼키고
기다리다 지쳐 주저앉은 그림자들을 품고
오늘도 다리 위를, 서성인다.

정오가 되면, 다리는 거대한 관절을 비틀며, 하늘로 솟구친다.
저것은 길이 아니라, 찢어지는 비명.
수십 년째 아물지 않는 상처가 제 살을 벌려 보이는,
끔찍한 통증이다.

사람들은 약속했다.
헤어지면, 영도다리 아래서 만나자고.

그 덧없는 약속 하나가,
한 생을 버티게 하는 유일한 닻이었음을.

다리가 들릴 때마다, 군중 속에서 당신의 얼굴을 찾았을 수많은 눈동자들.
그러나 다리는 다시 닫히고, 약속은, 차가운 강물 속으로 가라앉았다.

나는 이 풍경 앞에서, 다시는 부치지 못할 편지들을 생각한다.
흩어진 섬이 되어, 서로에게 닿지 못했던 나의 모든 이별을 생각한다.

이별이란, 어쩌면 돌아오지 않을 사람을 위해
세상에서 가장 거대한 문을 열어두는,
가장 잔인한 희망이었음을.

다리는 길을 여는 게 아니었다.

강물 저편, 돌아오지 않는 이름들을 향해
우리가 아직, 여기에 사무쳐 있음을 알리는
서툴고도, 지독한 몸짓이었다.

금샘(金井)

세상의 모든 소음이
발밑에서 묵음(默音)이 될 때,
나는 비로소 길의 끝에 선다.

나를 기다린 것은
거대한 왕관도, 빛나는 깃발도 아니었다.
하늘 아래 가장 외로운 바위틈에 고인
마르지 않는 물 한 모금.
사람들은 저것을, 금빛 우물이라 했다.

나는 그 앞에 쭈그려 앉아
기도 대신, 나의 지친 얼굴을 비춘다.

차가운 수면 위로 내가 지나온 모든 길이
구겨진 지도처럼, 어른거린다.

한참을 들여다보다, 숨을 멈춘다.
물에 비친 것은 하늘이 아니었다.
늙어버린 내 얼굴도 아니었다.
내가 평생을 버리고 도망쳐 온,
낯설고도 선명한, 한 울보 소년의 얼굴.

아, 나는 세상의 모든 강물을 마시려 허우적거렸는데,
내 모든 갈증은
가장 높은 곳에 숨겨둔 이 작은 우물에서 시작되었구나.

나는 그 물에 손을 담그지 않는다.
물속의 소년을 꺼내주지도 않는다.
다만 그 흔들리는 얼굴을 향해
나의 지친 그림자를 더 깊이, 기울여줄 뿐이다.

네가 거기서 울고 있었기에

내가 여기까지 걸어올 수 있었다고.

너의 그 서러운 울음이

나의 유일한 지도였음을.

보이지 않는 원천(源泉)

모든 길의 끝에서, 나는
길의 시작을 본다.
거대한 강도, 소란한 도시도 아닌
이끼 낀 바위틈, 이름 없는 곳에서
겨우, 배어 나오는 첫물 한 방울.

저 작은 물줄기는 제 운명을 몰랐을 것이다.
장차 도시의 불빛을 온몸으로 받아내고
거대한 바다가 되리라는 것을.
그저, 흘렀을 뿐이다.
가장 낮은 곳을 향해, 묵묵히.

내 안의 저 소란한 강 또한

시작은 지울 수 없는 얼룩 하나,

아주 작고 아픈 신음 한 조각이었음을.

나는 그 물속에서, 한 소년의 얼굴을 본다.

장차 건너야 할 슬픔의 강을 모른 채

그저 투명하던, 얼굴을.

길의 끝에서 시작을 본다.

모든 위대한 강물은

이토록 작고 서러운 첫 울음에서

시작되었구나.

수면 아래의 길, 물 위의 나

제1부

호수는 새벽을 머금고 흑요석처럼 고요했다.
수면은 하늘과 산의 경계를 지워
또 하나의 완전한 세계를 제 깊이 속에 펼쳐 놓았다.
마흔아홉의 사내가 그 앞에 섰다.
물은 세월이 파놓은 지도를 이마와 눈가에 비췄다.
저것이 나인가.
저토록 무표정한 평온이, 온전한 나의 것인가.
물 위의 나는 그림자 하나 없이 또렷한데,
그 발밑, 가늠할 수 없는 심연은 말이 없다.

가족길이라 이름 붙은 흙길 위로 첫발을 떼는 순간,
고요하던 수면 아래서 희미한 소리가 길어 올려졌다.
삐걱, 삐걱…
젖은 새벽 아스팔트를 핥으며 가던 낡은 구르마의 신음.

그것은 기억이 아니었다.
호수 바닥, 내 존재의 지반이 우는 소리였다.
어머니가 그 작은 수레로 밀고 간 것이
몇 근의 생계가 아니라,
자신의 무르팍 연골과 맞바꾼 나의 내일이었음을.

길모퉁이를 돌자, 햇살 아래 늦은 아침을 먹는 가족이 보였다.
순간, 내 혀뿌리가 무거워졌다.
밥보다 먼저 눈치를 떠먹어야 했던 저녁.

아버지의 기침 소리 한번에도 죄인이 되었던 그 저녁.
따스한 햇살 위로,

언젠가 내 방의 공기를 바꾸었던 낯선 사내의 그림자가 길게 드리워졌다.

물 위의 나는 여기 서 있는데,
수면 아래 잠겨 있던 소년이
국그릇에 얼굴을 묻고 뜨거운 것을 삼키고 있었다.

물가를 따라 걷는다.
건너편 기슭, 허물어진 채 골조만 남은
낡은 건물의 그림자가 물에 잠겨 있다.
나는 그 그림자를 들여다본다.
전기가 끊긴 저녁이 일찍 찾아왔던,
수도꼭지에서 가느다란 침묵이 흘렀고,
냉장고는 더 이상 웅얼거리지 않던,
나의 빈집.

그 온기 없는 온기 때문에 울었던 그 밤이,

저 차가운 물 속에 박제된 채 잠겨 있었다.

수면 아래의 길은,

내가 애써 지우려 했던 과거가 모여 이룬

하나의 거대한 수몰 지구.

나는 이제, 그 잠겨진 길의 입구에 서 있을 뿐이었다.

제2부

호젓하던 길이 좁아진다.

한쪽은 산비탈, 다른 쪽은 검은 심연.

나는 이 길을 안다.

한쪽 어깨엔 식구들의 웃음을,

다른 쪽 어깨엔 직원들의 월급날을 짊어지고

보이지 않는 외줄을 허공에 걸었던 수많은 아침들.

길이 절벽을 끼고 돌자,

물속에서, 내 손을 놓았던 그들의 눈빛이 떠올랐다.
추락하는 동안에는 소리도 지를 수 없었다.
세상이 거꾸로 돌고, 심장이 발밑에서 터져버리던 순간.

사업이라는 절벽에서 몇 번이고 굴러떨어졌던 내 삶이
하나의 거대한 와류가 되어 발목을 휘감았다.

소용돌이 속으로 또 다른 기억의 파편이 날아와 박혔다.
"미안해"라는 세 글자에 내 세상의 궤도가 이탈하던 그 밤.
차가운 벽에 부딪혀 부서진 것은 내 주먹뿐이었음을.

그때, 등줄기를 타고 찌르는 듯한 아픔이 번졌다.
내 허리가 먼저 끊어졌던 그날의 통증.

어머니의 섬과 아내의 섬,
어느 섬에도 닿지 못하는 무너진 교각으로 남아
차가운 강물 소리만 밤새 듣던 날들.

과거는 연대순으로 흐르지 않고

모든 고통은 지금, 여기, 이 심연의 소용돌이 속에서

하나의 거대한 통증으로 뒤엉킨다.

수면 아래 잠겨 있던 모든 길들이 한꺼번에 일어나

나를, 심연으로 끌어당기고 있었다.

제3부

모든 것이 가라앉던 바로 그 순간,

환영처럼, 그러나 생생하게

언 손을 녹이던 따뜻한 찻잔 같은 온기 하나가

내 팔을 잡았다. 아내의 손이었다.

그녀는 나의 날씨가 아니라,

내가 살아 숨 쉬는 유일한 대기(大氣)였다.

그 따뜻한 감촉 하나가

심연의 소용돌이 속에 내려진 단단한 닻이 되었다.

나는 고개를 들었다.

흩어졌던 내 삶의 조각들을 품어

하나의 단단한 성(城)이 되어준 횡성(橫城)의 능선이 보였다.

발밑의 흙길이 단단하게 느껴졌다.

길 저편에서 아이들의 웃음소리가 들려왔다.

까르르, 터지는 그 소리가 수면을 타고 맑게 번져왔다.

순간, 내 안의 모든 풍경이 바뀌었다.

더 이상 수면 아래의 나를 들여다보지 않았다.

대신, 저 웃음을 지켜주어야 한다는 강렬한 의지가 솟았다.

그것이 이 불량 행성에 남겨진 어른의,

가장 외롭고도 유일한 임무이므로.

길의 끝, 한 아버지가 딸에게 운전을 가르치고 있었다.
너의 첫 주행이자, 나의 첫 이별 연습.

사랑은 지키는 것만이 아니라, 기꺼이 놓아주는 것임을.
시간의 흐름을, 나의 역할이 변해감을,
원망 없이 받아들이는 것임을.

그것이 물 위를 걷는 법이었다.
과거의 중력에 끌려가지도, 미래의 불안에 휩쓸리지도 않고
사랑과 책임과 놓아줌 사이에서
고요히, 균형을 잡는 것.
호수는 이제 잔잔한 물결만 남았다.

제4부

길의 마지막, 호수는 놀랍도록 투명해져 있었다.

나는 이제 수면 아래를 두려움 없이 들여다본다.
전기가 끊긴 방에서 울던 아이와,
눈칫밥에 체했던 소년과,
사랑을 잃고 부서졌던 청년.

나는 이제, 그들의 이름을 하나씩, 나직이 부른다.

네 눈물이 모여 내가 건너온 깊은 강이 되었고,
네 상처가 아물어 오늘의 내가 딛고 선 단단한 땅이 되었다고.
이제 내가, 너를 안아주마.

수면 아래의 길은 나의 치부가 아니라,
내 모든 흉터가 모여 이룬, 나의 가장 깊은 뿌리였다.
흉터는 상처가 아문 자리다.

고통마저도, 눈물마저도
결국, 나를 살게 했음을.

희망은 명사가 아니라, 동사였다.
살아내는 것, 그것이 나의 유일한 희망가였다.

길의 끝에서, 나는 지나온 호수를 돌아본다.
물 위에는 마흔아홉의 내 얼굴이,
그 얼굴을 통과하여, 수면 아래 잠겨 있던 모든 길이
하나의 풍경으로 겹쳐 보인다.
물 위의 나와, 수면 아래의 길이
분리되지 않은, 온전한 하나가 되었다.

잘 버텨왔다.
이만하면, 되었다.

나는 고요히 속삭이고,
저 멀리, 나를 기다리는 목소리가 들려오는 쪽으로
나의 남은 생을 향해, 걸어갔다.

제3부

우리는 서로의
처마가 되었다

바람 부는 날이면, 사람은 사람을 찾는다.

비를 막아주는 건 늘 지붕이 아니라 어깨였다.

낡은 손, 닳은 밥상,

묵묵히 건네던 따뜻한 말 한 줄이 온 세상을 지탱해왔다.

살아남는 법보다

함께 버티는 법이 더 어렵지만, 더 아름답다.

세상에서 가장 작은 지붕

세상이 통째로, 빗줄기가 되어 어깨를 후려치는 날이 있다.
쏟아지는 세상의 무게를
우산도 없이, 온몸으로 맞아야 할 때.
'힘내'라는 말은 공허하고,
'곧 그칠 거야'라는 희망은 아득하다.

그런데 문득,
어깨 반쪽이 더는 젖지 않는다.
고개를 들면, 너는 거기 말없이 서 있다.
너의 우산 절반을 기꺼이 기울여
나의 비를, 나누어 맞으며.

너는 왜 우느냐 묻지 않고,
괜찮을 거라 위로하지 않았다.
다만 쏟아지는 비를 함께 맞으며
세상에서 가장 작은 지붕이 되어주었을 뿐.
그 좁은 지붕 아래,
쏟아지던 세상이 잠시, 멎었다.

나는 보았다.
너는, 너의 어깨를 적시며
나의 무너지던 세상을, 잠시 멈춰 세웠다.

친구여,
나는 너의 비를 멈추게 할 수는 없지만
언젠가 네가 비를 맞는 날,
기꺼이, 너의 옆에서 함께 젖을 것이다.

내력이 비슷한 사람

내 삶이 등짐 진 장수 같을 때가 있다.
풀어놓지도, 버리지도 못할 짐을 이고
그 무게를 누구 하나 알아주지 않는
하루라는 저잣거리를 겨우, 건너갈 때.

그러다 문득, 길모퉁이에서
나와 내력이 비슷한 사람을 만난다.
그는 내 짐을 들어주겠다, 말하지 않는다.
힘내라는, 공허한 응원을 건네지도 않는다.
다만 내 지친 어깨를 한번 쓱, 돌아보고는
말없이, 자신의 등짐을 고쳐 맬 뿐이다.

그의 굽은 등과 깊게 파인 미간에서
나는 나의 얼굴을 본다.
그리고 그는, 나를 보는 것이 아니라
내 등 뒤의 짐을 보며, 나지막이 말한다.
"그거, 아무것도 아니야."

내 짐이 가벼워진 것도,
내 길이 평탄해진 것도 아니었다.
다만, 이 지독한 무게를
나 혼자 짊어진 게 아니라는
그 서늘하고도, 이상하게 따뜻한 안도감.

그날, 우리는 술잔을 나누지 않아도 취했다.
서로의 굽은 등을 알아보는 것만으로
세상의 모든 말이 무용(無用)해짐을 처음 알았다.

그가 먼저 등을 돌려 제 갈 길을 간다.

나는 그의 깊게 팬 발자국을 밟고,

내 등짐을 고쳐 맨 뒤, 다시 걸음을 옮긴다.

길은 여전히 무겁지만

어깨는, 이상하게도 조금 가벼워진 듯했다.

노란 집의 초대장
— 빈센트 반 고흐의 붓 앞에서

주머니에 가진 것이 없어
마음까지 가난해지는 날이 있다.
세상이 말하는 재물이란 것이
내게는 너무 멀어, 고개를 떨구게 될 때.

그럴 때면, 한 사내가 그린 그림을 보오.
세상에서 가장 서툴지만, 가장 뜨거운 초대장.
친구가 오기를 기다리며, 텅 빈 방을 채우려
제 영혼의 물감을 쥐어짜 그린 노란 열망.

사람들은 저것이 금빛 재물을 부른다지만,
나는 저것이 지독한 가난 속에서 피워낸
단 하나의 열망이라 읽는다.

저 해바라기는 태양을 향한 찬가가 아니었다.
지독한 고독 속에서, 단 한 사람의 온기를 빌려 오려
허름한 벽에다 내건, 위태롭고 절박한 등불이었다.

저 노란색은 광기가 아니라,
깨지기 쉬운 희망이자, 서툰 기도의 색이었음을.

그러니 괜찮다, 가진 것이 없어도.
나, 당신에게
텅 빈 방을 밝혀주는
서툰 해바라기 한 송이면, 충분하니.

밥상

젊은 날에는
내 밥상에 모든 이를 앉히려 했다.
상이 부러져라 음식을 차리고
북적이는 것이 사람 사는 맛이라 믿었다.
빈자리의 서늘함이, 두려웠다.

세월 지나고 보니,
사람은 세 부류로 나뉘었다.

어떤 이는 밥과 같아
매일같이 마주 앉아야 하는 사람.
슴슴해도 질리지 않는 흰쌀밥처럼

내 구질구질한 허기를 말없이 채워주는 사람.

어떤 이는 약과 같아
맨정신으로는 삼키기 힘든 밤에만
독한 소주처럼, 찾아야만 하는 사람.
곪아 터진 상처를 소독할 때는
그 쓰디쓴 맛이 꼭 필요한 사람.

그리고 어떤 이는, 질병 같았다.
눈에 띄지 않는 벽지의 곰팡이처럼
어느새 내 방의 공기를 축축하고 병들게 하는,
함께 있으면 나도 모르게
숨 쉬는 법을 잊게 만드는, 그런 사람.

나는 평생을 들여
내 밥상에 앉을 사람과
문밖에서 돌려보내야 할 사람을

가려내는 법을, 배웠다.

내 밥상은 이제 그리 넓지 않으나
마주 앉은 당신 덕에
밥이, 식을 줄을 모른다.

칼과 문턱

나는 칼을 갈았다.
실력이라는 이름의, 서슬 퍼런 칼.
세상은 이기는 자만 기억한다 믿었고,
가장 높은 곳에 가장 먼저 닿는 것이
유일한 증명이라 믿었다.

그 칼로 나는 많은 것을 베었다.
경쟁자의 등을, 내 앞을 가로막는 벽을.
때로는 내 곁을 지키던 사람의 마음까지도.
나는 늘 이기는 쪽이었으나
내 왕국은 늘 추웠고, 옥좌에는 나 혼자뿐이었다.

세상을 베고 돌아온 어느 늦은 밤,
서슬 퍼런 칼날을 품고 현관에 섰을 때,
당신은 나의 칼날이나 갑옷이 아니라
그 틈새로 스며든 지독한 한기(寒氣)를 먼저 보았다.
그리고는 아무 말 없이,
내 얼어붙은 손 위로, 뜨거운 물수건 하나를
툭, 올려놓았다.

아,
내 손에 쥔 서슬 퍼런 칼로는
당신 손등 위로 피어오르던 저 김 한 올조차
벨 수 없었음을.
그 무력한 온기 앞에서
내 모든 승리는, 가장 참혹한 패배였음을.

나는 이제 그 서슬 퍼런 칼을 녹여
당신의 헐거워진 의자 다리를 고치는

서툰 연장을 만들련다.

내 집 문턱이 높아 길 잃은 누군가를 막는 대신
잠시 발을 녹이고 갈 수 있는 온기가 된다면,
그것이 나의, 마지막 승리일 테니.

느슨한 관계

가족이라는 이름의 전쟁터에서 돌아와,
서로의 가장 아픈 곳만 후벼 파고,
묵은 원망을 안주 삼아 밤새도록 술을 마신다.
모든 에너지를 쏟아붓고
속이 텅 비어버릴 때,
나는 술집 구석으로 망명한다.

바텐더는 내 구질구질한 하소연을
그저, 닦아낼 유리잔처럼 대할 뿐이다.
그는 답을 주지 않고, 위로하지 않는다.
다만 내 어제를 묻지 않고
내일의 약속을 강요하지도 않는다.

깊은 관계는 집의 기둥 같아서
무너지면 온 세상이 무너진다.
그래서 우리는 금이 갈까, 서로를 옭아맨다.

느슨한 관계는 작은 창문 같아서
답답한 날, 말없이 바람을 들여줄 뿐.
창문이 깨져도, 집은 무너지지 않으니까.

젠장, 맞는 말이라 더 화가 치민다.
우리는 어쩌면,
무거운 기둥과 수많은 창문으로
겨우, 숨 쉬는 집을 짓고 사는 건지도 모른다.

나는 잔을 비우고, 다시 전쟁터로 돌아간다.
다만 주머니 속에
저 창문에게 빚진 온기 한 줌을
몰래, 챙겨 넣는다.

저 느슨한 바람 한 줄기가
내일의 전쟁터를 버티게 할
나의 유일한 숨구멍임을,
나는 이제야 안다.

건너지 않는 다리

젊은 날의 나는,
마음이 돌아선 자리에
언제나, 불을 질렀다.
전화번호를 지우고, 낡은 사진을 찢고,
우리가 함께 건넜던 모든 다리를
미련 없이, 재로 만들었다.

타오르는 불꽃 속에서 내 상처도 함께 사라진다고,
다시는 돌아보지 않는 것이
가장 서늘하고 깔끔한 복수라 믿었다.

그러나 삶은,

내가 태워버린 다리 앞에서

번번이, 길을 잃게 만들었다.

좁은 세상의 길모퉁이에서,

우리는 서로의 안부조차 묻지 못하는

가장 멀고 서먹한 이웃으로 다시 마주쳤고,

타오르던 분노는 갈 곳 잃은 후회가 되어

목구멍에서, 씁쓸한 재로 흩날릴 뿐이었다.

이제 나는, 다리를 태우지 않는다.

마음이 떠난 자리에,

그저, '건너지 않음'이라는 팻말 하나를

묵묵히, 세워둘 뿐이다.

그 다리는 이제 풍경의 일부일 뿐, 내 길의 일부는 아니므로.

이것은 미련이 아니라,

내 감정의 주도권을 되찾으려는

가장 조용하고도 단단한 저항이다.

다리를 태우는 것은 순간의 분노에 나를 내어주는 것이지만,
건너지 않기로 결심하는 것은
내 삶의 방향키를, 온전히 내가 쥐고 있다는 증거이므로.

그러니 친구여,
떠나간 인연 앞에서 분노하고 있다면
성냥불을 켜는 대신, 가만히 등을 돌려라.

우리의 임무는 다리를 없애는 것이 아니다.
그 다리 없이도 기꺼이 새로운 길을 낼 수 있는
자신의 두 발을 믿는 것이다.

진정한 힘은 다리를 태우는 손이 아니라,
어떤 길 위에서도 다시 시작할 수 있는
그 묵묵한 발걸음에 있음을.

질문

어느 날 문득,
내가 누구인지 모르겠는 저녁이 온다.
하루 종일 무언가를 향해 뛰었는데,
제자리를 맴돈 낡은 팽이처럼
어지럽기만 할 때.

그럴 때면 나는
세상을 향해 던지던 모든 질문을 거두고
먼지 쌓인 나에게, 말을 건넨다.
정답을 찾기 위해서가 아니라,
내가 아직, 여기 있다는 것을 확인하기 위해.

"너는 오늘, 단 한 번이라도 웃었는가?"
"네가 마지막으로 뜨거웠던 것은 언제였는가?"
"네가 정말로, 먹고 싶었던 것은 무엇이었는가?"

가장 아픈 질문은 언제나
가장 사소한 얼굴을 하고 온다.
그 질문 앞에서 나는, 오래 입을 다문다.
'괜찮다'와 '상관없다'는 말의 굳은살 아래,
나는 나를 얼마나 오래, 굶겨왔던가.

삶이란 어쩌면
정답을 향해 달려가는 경주가 아니라,
나에게로 돌아오는 길을 잃지 않으려는
서툰 질문의 연속일지도 모른다.

그러니 친구여,
지금 길 위에서 헤매고 있다면

세상이 아닌, 당신 자신에게 물어보아라.

답이 없어도 괜찮다.
질문은 방향을 알려주는 지도가 아니라,
굳게 닫힌 내 방문을 두드리는
첫 번째, 노크 소리일 테니.

주문진에서는 파도 소리로 운다

이 항구에서는, 우는 사람이 없다.
만선(滿船)의 깃발만이 허공에서 웃고,
빈 그물로 돌아선 등은 말이 없다.
비린내와 땀 냄새 뒤엉킨 새벽 공기 속,
삶은 경매사의 고함처럼 짧고, 절박하다.

저 거친 욕설과, 굳은살 박인 손으로
그들은 서로의 상처를 묻지 않는다.
밤새 그물에 찢겨나간 희망의 조각들을
말없이, 다시 꿰맬 뿐.

딸아이 학자금과, 어머니 약값과,
다음 계절의 빚이
저 시퍼런 생선들의 눈깔 속에서
서슬 퍼렇게, 번뜩인다.

나는 저들의 굽은 등 뒤에서
어머니의 삐걱이던 구르마를 본다.
울음 대신 바퀴 자국으로 생을 새기던
그 지독한 침묵을, 듣는다.

이곳에서 슬픔은 저 성난 파도의 몫이다.
사람들이 삼킨 눈물이 갯바위에 부딪혀
하얗게, 포말로 부서진다.
저것이 이 항구의 유일한 곡소리(哭聲)다.

주문진에서는, 모두가
파도 소리로 운다.

자갈치 아지매

비린내는, 이곳의 공기다.
소금기는 살갗을 파고들어
내 모든 낡은 상처를, 다시 들쑤신다.
좌판 위, 은빛 비늘들이
죽음의 마지막 발작처럼, 파르르 떤다.
삶과 죽음의 경계는 이토록, 날것이다.

자갈치 아지매는, 말이 없다.
칼이, 그녀의 혀다.
굳은살 박인 손이 번득일 때마다,
붉은 피가 어판(魚板) 위로
하나의 문장처럼, 선명히 그어진다.

그녀는 슬퍼하지 않는다. 애도할 시간이 없다.

이것은 생존이다.

우리 어머니의 조용한 희생과는 다른,

시끄럽고, 맹렬하며, 돈이 되는 생존.

생선의 배를 가르는 그녀의 칼날을 보다가,

나는, 숨을 멈춘다.

저 무심한 정밀함. 저 흔들림 없는 칼끝.

나는 그 칼끝에서,

아버지의 몸을 열던

외과 의사의 메스를, 보았다.

아, 그녀의 칼은 죽이기 위함이 아니었구나.

찢겨진 살 속에서, 내일을 건져 올리는

가장 서슬 퍼런, 사랑이었구나.

자갈치시장에서, 나는

비린내 나는 위로를 읽는다.

가장 잔인한 손이, 가장 절박한 기도가 될 수 있음을.

살아내야 한다는, 저 지독한 아름다움을.

검은 깃털의 강(江)

그때, 우리에겐 창문이 없었다.
서로의 검은 깃털이 유일한 하늘이었고,
부대끼는 어깨의 각진 온기가 세상의 전부였다.
말 대신 부리를 쪼아 상처를 내고,
밤이 오면 그 상처를 서로의 날개 아래 숨겨주던,
우리는 하나의 거대한 그림자였다.
그 캄캄함 속에선 누구도 더 검지 않았다.

그러다 어느 날, 둥지 밖에서
나는 다른 세상을 보았다.
제 몸에 온갖 보석을 박은 새들이
울음소리마저 빛이 되어 흩어지는 풍경.

그 눈부심 앞에서, 나는 처음으로

나의 색을, 알았다.

그것은 색이 아니라, 모든 빛이 죽어버린

거대한, 흠집이었다.

나는 돌아와, 그 빛에 대해 떠들었다.

우리의 검은 강 너머에, 무지개가 산다고.

그날 이후, 우리의 침묵은 다른 무게를 가졌다.

서로의 눈 속에서 우리는

가질 수 없는 깃털의 색을 보았고,

서로의 그림자에서 지울 수 없는 가난을 읽었다.

가장 아픈 불행은,

비교할 대상이 없을 땐 이름조차 없었다.

나는 내 검은 깃털이 지겨워 부리로 쪼아댔다.

상처에서 피가 배어 나와 잠시 붉어지는 것을

미친 듯이, 아름답다 여겼다.

그 밤, 피 흘리는 나를
다른 검은 깃털들이, 말없이 둘러쌌다.
그들은 내 상처를 탓하지 않았다.
빛나는 세상을 욕하지도 않았다.
다만 가장 상처 입은 놈의 온기가 식을세라
서로의 몸을 더 깊이, 섞을 뿐이었다.

아, 가장 눈부신 색은
가장 짙은 어둠 속에서, 서로의 온기를 확인할 때
비로소, 태어나는 것이었구나.

우리는 함께, 강이 되어 흐른다.
세상의 모든 빛을 삼키고도 제 색을 잃지 않는,
서로의 상처를 기워 더 단단해진
이 검고, 깊고, 조용한 강.

이제 나는 안다.

우리가 기댈 곳은 저 눈부신 하늘이 아니라

서로의 상처 입은 어깨뿐임을.

별을 핥는 꿈

내 하늘은, 네모난 조각달.
온기와 권태로 짜인 이 방은, 부드러운 벨벳 감옥.

투명한 벽 너머로, 오늘도
달빛 부스러기를 핥으러 그림자들이 온다.
젖은 흙의 향기와 길 끝에 잠든 바람의 노래를 싣고 와
하룻밤의 온기를 잠시 빌려 갈 뿐.
다정한 손길이 놓아둔 밥그릇은 그들의 성찬(聖餐)이 되고
그들은 다시, 밤의 품으로 돌아간다.

유리벽에 코를 대고, 우리는 서로의 꿈을 묻는다.
별을 보는 너의 눈은 늘 배고프고,
하늘을 잃은 나의 눈은 늘 배부르다.

주인의 다정한 손길은 깃털처럼 가벼운 족쇄이고,
언제나 가득 찬 이 밥그릇은 내 발을 묶는 눈부신 족쇄다.

나는 매일 밤, 탈출이 아닌 다른 꿈을 꾼다.
길 위에서 흩어지는 빗방울을 핥는 꿈.
내 발톱으로 춤추는 나뭇잎을 낚아채는 꿈.

너는 모를 것이다.
안전이란, 가장 눈부신 얼굴을 한 절망임을.

나는 오늘 밤도 창문에 이마를 기댄 채
저 길 위의 노래를 듣는다.
그리고 깨닫는다.
내가 부러워한 것은 너의 굶주림이 아니라,
단 한 번도 길들여진 적 없는 너의 눈빛이었음을.
길이란, 잃어버린 자에게만 허락된 선물이었음을.

나는 그래서 이 안전한 방 안에서

가장 위험한 꿈을 꾼다.

언젠가, 너의 길 위에서

너를 마주칠, 꿈을.

제4부

모든 지도는
결국 당신에게 닿는다

길의 끝에는 언제나 사람이 있었다.

그 사람을 잃고서야 비로소 길의 의미를 안다.

헤매는 동안에도, 돌아서는 순간에도,

내가 걷고 있던 방향은 늘 당신이었다.

세상에 단 하나뿐인 지도, 그건 결국, 당신의 얼굴이었다.

안개 지도

등 뒤는 언제나 선명했다.
내가 넘어졌던 돌부리와
나를 버리고 떠나간 발자국들이
지워지지 않는, 낡은 지도였다.

무서운 것은 언제나 앞이었다.
안개는 모든 것을 집어삼켰다.
어깨를 기댔던 친구의 온기를,
영원할 거라 믿었던 사랑의 약속을,
방금 전까지 내 손을 잡고 있던 온기마저도.

모두가 나를 떠났거나, 내가 모두를 잃어버렸을 때
단 한 사람, 당신만은
그 안개 속으로, 걸어 들어왔다.

'나 여기 있어요.'
그 낮은 목소리 하나가
짙은 안개를 뚫고 들어오는, 유일한 빛이었다.

당신은 내게 가정을 만들어주었고,
꿈조차 꿀 수 없었던 가족을 선물했다.
그래서 나는 늘,
고맙다는 말 대신
미안하다는 말을 먼저 배웠다.

눈물이 나는 날이면, 내 안의 안개가 짙어져
잃어버린 꿈들이 길을 잃고 울었다.
나는 어쩔 줄을 몰랐다.

그런데 당신이, 그런 내 곁에서 조용히 아침을 맞을 때
나는 비로소, 뭍으로 돌아온다.

나는 이제 이 짙은 안갯속에서
더는 길을 묻지 않는다.
당신의 숨소리를 나침반 삼아
겨우, 한 걸음을 더 뗄 뿐이다.

우리가 평생 더듬어 찾아 헤맨 지도는
거대한 세상이 아니라,
슬픔에 잠 못 드는 밤, 기어이 잠들게 하던
바로 곁, 한 사람의 손바닥이었음을.

테세우스의 배

서랍을 정리하다가,
이십 년 전, 당신과 찍은 낡은 사진 한 장을 꺼냈소.
사진 속에서 구김살 하나 없이 웃고 있는 저 낯선 사내는,
정말, 나였을까.

닳아빠진 무릎 연골을 갈아 끼우고,
세월에 무뎌진 눈 위에 돋보기를 얹고,
상처 난 마음의 널빤지를 수없이 교체하는 동안,
나는, 아주 조금씩, 소리 없이,
다른 사람이 되어갔는지도 모르오.

처음 당신에게 사랑을 고백하며 터질 듯 뛰던 나의 심장과
지금 당신의 굽은 등을 보며 함께 저릿해 오는 나의 심장은,
과연 같은 근육으로 이루어진 심장일까.
수없이 덧칠한 체념의 페인트 아래,
첫 출항의 설렘은 어느 깊은 녹 속에 갇혀 바래졌을까.

사람들은 말하오.
모든 부품이 바뀐 배는 더 이상 같은 배가 아니라고.
하지만 보시오.
이 배의 삐걱이는 소리는 여전히,
당신의 목소리에만 잠잠해지고,
이 낡은 갑판은 아직,
당신의 발걸음 소리를 기억하며 제 몸을 낮추오.
수많은 폭풍우 속에서 우리가 함께 붙잡았던 이 녹슨 키는,
여전히 당신이라는 단 하나의 항구를 향하고 있소.

어쩌면 중요한 것은,

이 배가 같은 배인지 아닌지를 증명하는 것이 아니라,

당신이 여전히, 나를 '당신'이라 불러준다는,

그 변하지 않는 사실 하나일지도.

나는 이제, 낡은 사진을 다시 서랍에 넣소.

사진 속의 나도, 지금의 나도,

결국 당신이라는 광활한 바다 위를 떠도는,

서툴고 오래된 한 척의 배일 뿐이었음을.

모든 부품이 바뀌고 항해일지가 너덜너덜해져도,

이 배가 출항한 단 하나의 이유는,

단 한 번도, 바뀐 적이 없었음을.

서로 다른 지도

아내가 내민 통장 거래내역서 한 장.
종이가 아니라, 내 죄를 묻는 서늘한 판결문이었다.
익숙한 이름 석 자 위에서, 세상이 얼어붙었다.
"모르겠는데. 사무장에게 확인해 볼게."
내 목소리는 내가 아니었고, 등 뒤로 식은땀이 흘렀다.

"이따 이야기해."
아내의 낮은 목소리가 내 안의 곪아 있던 상처를 터뜨렸다.
사람들 앞에서, 나는 나를 무너뜨렸다.
"또 시작이야? 지금 얘기해!"

창밖으로 멀어지는 아내의 등을 쫓아,
나는 뒤늦게 달려 나갔다.
부서져라, 껴안았다.
미안해, 미안해, 내가 잘못했어.

그때, 아내의 울음이 내 늑골을 부수고 심장을 후려쳤다.
"내 살점이 뜯겨나가는 걸,
왜 당신 옆에서 맨눈으로 봐야 하냐고!"

아, 우리는 서로 다른 지도를 보고 있었구나.
나는 '오늘'이라는 잉크 얼룩 하나를 지우려 허둥댔는데,
당신은 우리의 모든 과거가 피처럼 번져
너덜너덜해진 지도 전체를 보고, 울고 있었구나.

등을 돌려, 의자를 붙잡고 고개를 떨구었다.
아내의 울음이 내 등 뒤에서 뚝, 뚝, 떨어져 심장을 때렸다.
"됐어. 내 감정, 내가 알아서 해."

그 말이, 내 발밑을 낭떠러지로 만들었다.
너는 또, 나에게 지쳐가는구나.
이 길의 끝에서, 너는 기어이 나를 버리겠구나.

얼음 같던 불안이 녹아, 당신을 향한 미안함으로
좌르륵, 흘러내렸다.
'이런 나여서 미안하다'는 말은 끝내 목구멍에 걸리고,
나는 겨우, "미안해" 한마디를 뱉고
그 자리를 도망쳤다.

내 어깨가 조금 더 넓었더라면,
우리의 지도 위에 이토록 아픈 강은 흐르지 않았을까.

아니, 이 지도의 모든 강줄기는
결국, 못난 나에게서 시작되었음을.

소실점

세상은 그대로인데
내 모든 풍경이 너를 향해 무너져 내린다.
나란히 걷던 길, 자주 가던 골목, 함께 보던 하늘이
너라는 단 하나의 지점을 향해
아득하게, 기울어져 있다.

함께 듣던 노래는 유리 조각 되어
심장에 박히고,
너의 살냄새 배인 계절은
통째로, 거대한 흉터로 남는다.
눈물로 너를 지우려 해도
네 이름 석 자만
피처럼 심장에 번질 뿐.

사랑이란,
서로의 풍경이 되어주는 것이었음을.

한 사람이 떠난다는 것은
내 세상의 지평선이, 뿌리째 뽑혀 나가는 것이었음을.
나는 이 선(線) 위의 한 점만 보았는데,
너는 이 선이 향하는 아득한 소실점을 보았구나.

나는 너 하나를 잃은 것이 아니라
너와 함께, 내 세상 전부를 잃었다.

너는 사라지는 점이 아니었다.
내 세상의 모든 선들을 빨아들이는
하나의 검은 점.
그리하여 마침내,
나조차, 지워져 간다.

중첩(重疊)

너를 잊은 채 나는 살고,
너를 앓는 채 나는 죽어간다.
나는 그 두 개의 나를 동시에, 겹쳐 입는다.

낮에는 밥을 먹고, 농담을 하고, 일을 한다.
밤에는 너라는 텅 빈 방에 갇혀, 숨 쉬는 법을 잊는다.
세상은 나의 낮을 보고, 나만 나의 밤을 안다.

그러다 문득,
라디오에서 우리가 함께 듣던 낡은 노래가 흐를 때
나의 세계는 한쪽으로 무너져 내린다.
밥을 먹던 나와 웃고 있던 나는 사라지고
오직, 너를 그리워하는 나만 덩그러니 남는다.

우리는 헤어졌지만, 아직 얽혀 있다.
이유 없이 심장이 쿵, 내려앉는 밤이면
네가 울고 있음을,
너의 악몽이 내 잠을 뒤척이게 함을
나는 안다.

사랑이란, 내가 너를 바라보는 순간
나의 모든 가능성이 너 하나로 수렴하며
무너져 내리는, 가장 눈부신 붕괴였음을.

나는 오늘도 네가 없는 세상과
너 없이는 없는 세상을, 동시에 살아간다.

어느 날, 네가 나를, 혹은 내가 너를
온전히, 바라보게 되는 날
이 지독한 중첩도, 끝이 날까.

먼 그대에게

그대 숨결은
이슬이 되었나
새벽마다 창가에 서리네.

그대 향기는
바람이 되었나
옷깃에 스며, 나를 울리네.

잊으려 눈 감으면
사무치는 얼굴
못다 준 마음이, 못다 한 말이
멍울져 목메어 오네.

내게는 천 년의 무게인데
그대에게는 어제의 바람 한 점.
내 이름 석 자,
기억조차 못 한다 하니

그대 가는 길 위에는
그림자 하나 없는데
내게 남은 모든 길은
온통 그대 발자국이어라.

아, 이별이란
나만 홀로 앓는, 지독한 열병이었구나.
그대는 나를 통째로 잊고,
나는 그대를 통째로 앓는 것.

이제는, 정말 안녕이라 말해야 하는데
차마, 그럴 수가 없어서

기억 한 줄이라도 붙잡으려

나는 오늘도, 내 가슴에

그대라는 흉터를, 더 깊이 새기네.

첫 번째 손가락

우리는, 서로에게 시간을 쌓았다.
다정했던 날의 웃음 한 장,
서운했던 날의 침묵 한 장,
차마 하지 못했던 미안하다는 말 한 장.
보이지 않는 탑은, 위태롭게 높아져만 갔다.

무너질 것을 알기에, 우리는
얼마나 오래, 숨을 참았던가.
사소한 말 한마디, 무심한 눈빛 하나가
이 모든 것을 한순간에 재로 만들까 봐.
사랑이란 그 아슬아슬한 균형 위에서
숨을 참는, 지독한 인내인 줄만 알았다.

그러다 어느 날,
가장 사소한 바람 한 줄기가 불어와
맨 앞의, 가장 얇은 조각 하나를 건드린다.
와르르.
좋았던 기억과 지우고 싶던 상처가
뒤엉켜, 서로의 살을 파고든다.
내 모든 시간과 너의 모든 계절이
하나의 거대한 폐허가 된다.

나는 그 폐허 속에서, 한참을 울었다.
그리고, 깨달았다.
무너뜨린 것은 바람이 아니었다.
오래전부터 떨고 있던, 나의 첫 번째 손가락.
무너짐이 두려워 아무것도 하지 못했던
나의 비겁함이었다.

사랑이란 어쩌면

이 모든 것이 무너져 내릴 것을 알면서도,

기꺼이, 첫 번째 조각을 세우는 용기였음을.

나는 오늘 이 모든 잔해 속에서

가장 작고 아픈 조각 하나를 집어 든다.

너와 나 사이에 다시 세우기 위함이 아니다.

언젠가, 내가 눈 감는 마지막 날

내 평생의 탑을 내 손으로 무너뜨리고

가장 가벼운 재가 되어

네게로, 날아가기 위함이다.

이 빠진 찻잔

언제부턴가, 나는
찬장의 가장 안쪽에 놓인
반짝이는 새것들을 꺼내지 않는다.
손님용이라는 핑계로, 아껴둔다는 명분으로,
그 흠집 하나 없는 완벽함을
그저, 멀리서 바라만 볼 뿐이다.

내 손이 기억하는 것은
싱크대 구석에 놓인, 이 빠진 찻잔 하나.
뜨거운 물을 부으면, 그 금이 간 틈으로
세월의 한숨이 희미하게, 새어 나온다.
아내는 버리자고, 몇 번을 말했지만
나는 그 잔에, 매일 아침 나의 하루를 담는다.

젊은 날의 나는,

저 찬장의 새것들처럼 살고 싶었다.

흠집 없는 100점짜리 인생.

작은 실수도, 서툰 실패도 용납할 수 없었다.

금이 간 내 모습을 들킬까 봐,

나는 나를 얼마나, 닦달하고 미워했던가.

젠장, 이제야 알 것 같다.

가장 뜨거운 것을 담았던 그릇일수록

상처가 남는 법이라는 것을.

가장 많이 사랑했던 마음일수록

금이 가기 마련이라는 것을.

'대충 살아도 괜찮다'는 말은

무책임한 위로가 아니라,

이 빠진 찻잔으로도 기꺼이,

오늘의 차를 마시겠다는 서툰 다짐이었음을.

완벽하지 않아도, 우리는 충분히
서로의 온기를 담아낼 수 있다는, 믿음이었음을.

나는 오늘,
이 빠진 찻잔에 입을 맞춘다.
금이 간 그 경계 너머로 흘러드는 미지근한 물 한 모금이,
내 팍팍한 삶에 스며드는,
가장 찬란한 위로였음을.

금이 간 그릇

세상을 몰랐을 적, 나는 내 그릇이
바다를 담고도 남으리라 믿었소.
세상은 더 큰 그릇을 가지라 부추겼고,
나는 그 소리에 맞춰 더 넓고 깊어지려 애썼소.
작은 흠집도, 얕은 물결도 용납할 수 없었소.

세상의 모든 바다를 담으려다,
내 그릇은 속절없이, 박살이 나고 말았소.
산산조각 난 희망의 틈으로
내가 담으려 했던 모든 것들이 허망하게, 빠져나갔소.

맨땅에 엎드려, 나는 깨진 사금파리들을 그러모으며
나의 초라한 크기를, 지독하게 저주했소.
사람들은 깨진 그릇은 버리는 것이라 했지만,
나는 차마, 그럴 수가 없었소.
그것이 나의 전부였으므로.

아내의 눈물이 스며들어, 금 간 틈은 깊은 강이 되었고
아이의 웃음소리가 얹혀, 그 위로 단단한 무늬가 새겨졌소.

이제 나는 아오.
좋은 그릇이란 텅 비어 있는 큰 그릇이 아니라
금이 갔어도, 온기를 담아낼 수 있는 그릇임을.
저마다의 상처를 기워낸 그 서툰 무늬야말로
세상에서 가장 아름다운 그릇임을.

그러니 친구여, 그대의 그릇이 작고 초라하다 자책하지 마오.
우리의 임무는 그릇을 키우는 것이 아니라,

오늘, 이 금이 간 내 그릇에
그대를 위한 따뜻한 찻물 한 잔을
넘치지 않게, 담아내는 일이니.

깊은 맛

한때는 부서지지 않는 것이 이기는 거라 믿었다.
흠집 하나 없는 반짝임이 잘 사는 거라 믿었다.
그땐 풋풋하고 뻣뻣한 한 포기의 배추였다.

그러나 삶은 내게 시간을 절였다.
안온한 흙에서 나를 뽑아 올리고,
단단한 속을 갈라 소금을 문질렀다.
매운 것, 붉은 것, 뜨거운 것들이
내 몸에 와 닿아 숨을 죽였다.

차가운 독 속, 익지 못한 고요 속에서
나는 처음으로 나를 내려놓았다.
그때부터 세상은 내 안에 스며들기 시작했다.

이제야 안다.
깊은 맛은 상처 없이 생기지 않는다.
부서지고 절여지고
빛이 닿지 않는 곳에서 오래 버틴 자만이
서글픈 향을 가진다.

세상의 모든 맛있는 것들은
결국 낮은 곳으로 흘러간다.
깊이 익은 자만이
남의 상처를 품을 수 있는
너른 강이 되고, 고요한 바다가 된다.

나는 이제, 부서지는 것을 두려워하지 않는다.
그 부서짐이 나를 완성시켰으니까.

세트 메뉴

한때는 인생이 화려한 뷔페인 줄 알았다.
좋아하는 것만 골라 담으면 되는 줄 알았다.
달콤한 것들로만 접시를 채우며
나는 늘 허둥대고, 늘 배고팠다.

그러나 삶이라는 주인장은 언젠가
묵묵히 세트 메뉴 하나를 내 앞에 내려놓았다.
내가 주문하지 않은 쓴맛과,
질기게 씹히는 시간,
목이 메는 퍽퍽한 슬픔들.

이건 내가 원한 게 아니라고
나는 오래 투덜댔다.
남의 접시만 부러워하며
내 몫을 저주했다.

그러다 어느 날,
그 모든 걸 꾸역꾸역 삼키고 나서야 알았다.
쓴맛은 입맛을 돋우고,
질긴 시간은 이를 단단하게 만들며,
퍽퍽한 슬픔은 따뜻한 국물의 온도를 일깨웠다는 걸.

이제 나는 내 앞의 세트를 천천히 들여다본다.
화려한 메인보다 나를 지탱한 건
언제나 곁의 반찬들이었다.
나의 허기를 채운 건
당신의 말 한 줄, 당신의 온기였다.

뷔페의 풍경은 여전하지만,

나는 그저 당신 맞은편에 앉아

물 한 잔을 건네며 말한다.

이만하면 됐다고,

이만하면 참 맛있는 한 끼였다고.

보폭

한때는 사랑도 경주인 줄 알았다.
숨 가쁘게 따라잡고, 추월하고,
넘어지면 가차 없이 뒤돌아섰다.
심장의 덜컹거림이 세상의 유일한 박자인 줄 믿었다.

그러다 횡성호수길, 저물녘에
말없이 걷는 노부부의 뒷모습을 보았다.
빠르지도, 느리지도 않은,
두 사람에게만 허락된 단 하나의 걸음.

어깨가 스치는 폭으로,
닳아빠진 신발이 흙을 다독이는 소리로,

그들은 수십 년을 함께 조율해 온
하나의 문장처럼 걷고 있었다.

아, 나는 평생을
목적지를 향해 달려왔는데,
사랑은 목적지가 아니라 방향이었다.

서로의 눈을 보는 것이 아니라,
같은 곳을 바라보며 나란히 걷는 일.
가장 위대한 사랑은
서로의 가장 느린 걸음을
기꺼이 닮아가는 일이었다.

나는 걸음을 늦춘다.
저만치 앞서가던 내 그림자가
당신의 그림자 옆으로 나란히 들어선다.

"늙어서 같이 놀러 다니자"던
그 덤덤한 약속 하나를 향해,
우리는 이제 세상에서 가장 느린 걸음으로,
함께 늙어가면 그뿐이다.

제4부 모든 지도는 결국 당신에게 닿는다

오늘이라는 이름의 '그때'

우리는 늘 내일 뜰 해를 위해
오늘의 촛불을 아꼈다.
'다음에'라는 말은 가장 쉬운 변명이었고,
'언젠가'라는 약속은 가장 안전한 도피처였다.
완벽한 때란 언젠가 올 것이라 믿었다.

그러나 삶은
단 한 번도 완벽한 무대를 허락하지 않았다.
'그때'는 오지 않았다.
다만 후회라는 이름의 수많은 '어제'가
등 뒤에 빚처럼 쌓여갔다.

나는 너무 오래 기다렸다.

완벽한 고백을, 완벽한 용서를, 완벽한 여행을.

그 모든 완벽한 '그때'를 기다리는 동안

당신의 머리에는 흰 서리가 내렸고,

아이의 웃음소리는 다른 시차를 갖게 되었다.

이제야 나는 안다.

완벽한 때란, 결코 오지 않는다는 것을 깨닫는

바로 지금이라는 것을.

내일을 위한 가장 좋은 준비는

오늘을 온전히 살아내는 것뿐이었다는 것을.

나는 이제 촛불을 아끼지 않는다.

내일 아침이면 어차피 해는 뜰 테니.

훗날 내 아이들이 가장 그리워할 '그때'가

바로 이 보잘것없는 '오늘'이라는 것을

이제야 알 것 같으므로.

오늘 저녁은 퉁명스럽게라도

사랑한다, 말해야겠다.

그것이 내가 할 수 있는

가장 완벽한 최선이므로.

빚나는 매일

나는 매일 세상에게 빚을 진다.
들숨에 젖은 흙냄새를 빌리고,
잠든 당신의 고요한 숨소리를 빌리고,
어제의 숙취 같은 후회 한 조각을 빌린다.

날숨에 겨우 용서 한 줌을 갚고,
차마 하지 못했던 미안하다는 말을 갚고,
무거운 한숨으로 그 이자를 낸다.

세상의 이자율은 터무니없다.
아이의 웃음소리 한 번 빌리면,
평생을 갚아도 원금은 그대로다.

당신의 온기 한 줌을 빌린 날에는,
내 모든 생이 담보로 잡힌다.

우리는 모두 서로의 숨을 빌려 연명하는
서글픈 채무자들.
들이마시고, 내뱉고,
그렇게 서로의 생을 저당 잡혀
하루를 겨우 살아낸다.
사랑이란 결국
갚을 길 없는 빚을 기꺼이
함께 짊어지는 일이었다.

마지막 숨을 길게 내쉴 때,
나는 비로소 이 모든 빚을 청산하고
당신이라는 가장 눈부신 채권자 앞에서
빈손으로, 웃을 수 있을까.

말 없는 것들의 역사

나는 이 빠진 찻잔에 차를 따른다.
아내는 또 저걸 쓴다며 핀잔을 주지만
나는 이 찻잔의 서툰 흠집이 좋다.
내 입술이 기억하는, 오래된 상처의 감촉.
언젠가 당신과 웃다 부딪쳐 생긴 저 홈이
우리 시간의 가장 단단한 옹이가 되어 박혔다.

내 손바닥의 굳은살이
저 찻잔의 상처를 가만히 알아본다.
이것은 상처가 아니라, 지문이라고.
사랑한다는 말 대신 수없이 반복했던
어떤 날들의 묵묵한 기록이라고.

아이의 손을 놓지 않아 거칠어진 어머니의 손,
가족의 지붕을 떠받치느라 낮아진 아버지의 어깨,
그 모든 말 없는 역사와 한 핏줄이라고.

사랑이란 어쩌면
말이 아니라 손으로 하는 것이었다.
말로는 늘 서로를 할퀴기만 했으니.

우리의 사랑은 말이 없었으므로,
부서지고 닳아 없어진 모든 것이
서로를 향한 지독한 증거가 되었다.

나는 오늘,
굳은살 배긴 내 손으로 이 빠진 찻잔을 들어
당신에게 건넨다.
보시오, 우리가 함께, 말이 아닌 몸으로 써 내려온
이 따뜻하고 너절한 역사를.
우리의 모든 실패와, 그럼에도 불구하고의 날들을.

우리가 지켜온 것은 완벽한 사랑이 아니라,
깨지고 금이 가도 기어이 서로의 온기를 담아내던
이 서툰 그릇 하나였음을.

한 번도 깨진 적 없는 그릇은
아무것도 담아본 적 없는 그릇일 뿐이었음을.

성소(聖所)
― 횡성 풍수원 성당에서

내 유년의 침묵은 게걸스러운 짐승 같았다.
전기가 끊긴 저녁의 어둠을 따라 들어와
수도꼭지의 가느다란 비명을 삼키고,
웅얼거림을 멈춘 냉장고의 심장을 파먹었다.
나는 내 숨소리마저 들킬까 봐 웅크린 채
나라는 존재가 통째로 지워지는 시간을 견뎠다.

쫓기듯 도시의 지도를 찢고 흘러들어온 땅.
나는 기도를 위해서가 아니라
그저 소나기를 피하려 낡은 성당의 문을 열었다.

수백 년의 무릎이 닳아 반질해진 나무 의자 위에서
나는 소리 없는 소리들을 듣는다.
박해를 피해 숨어든 이들의 마른기침 소리,
성직자 없이 팔십 해를 버텨낸 이들의 묵묵한 기도 소리,
제 손으로 붉은 벽돌을 구워 성전을 올리던
그 막막하고도 단단한 망치 소리.

아, 그때의 침묵이 나 하나를 가두던 감옥이었다면
이곳의 침묵은 상처 입은 등들이 기대어
서로의 온기가 된 거대한 벽이었다.

나의 지독한 고독이
시공을 초월한 그들의 고독과 만나
가장 깊은 곳에서 공명(共鳴)한다.
외로움이 이토록 따뜻할 수 있을까.

나는 오늘, 낡은 나무 의자의 결 위에서

내 유년의 텅 빈 방문을 열고,

울 곳을 찾지 못해 서성이던 아이를

이 수백 년의 울음 속으로 가만히 들여보낸다.

경포, 난설헌의 눈물

경포에 밤이 내리면
물결은 잊히지 않는 한 여인의 울음을
매일 밤 제 몸 가장 깊은 곳에서 길어 올린다.

나도 저 달을 저렇게 바라보았다.
손 내밀면 닿을 듯 환했으나
끝내 잡히지 않던 신기루였음을.
물에 잠긴 달을 건져 올리려다
제 그림자만 흠뻑 적시고 돌아오던 밤이었음을.

너무 일찍 도착한 세상에서
제 새끼를 먼저 가슴에 묻고

돌아서서 먹을 갈던 손.
붓을 들면 먹물이 눈물이 되고,
종이를 펼치면 사방이 벽이 되던 시절.

너의 시집 갈피마다
꿈 한번 펼치지 못하고 덮어둔
내 누이의 빛바랜 스케치북이 끼워져 있고,
평생 외로웠던 아버지의 받지 못한 전화가
먹물처럼 번져 있다.

아, 경포의 깊이를 나는 이제야 안다.
소리 내어 울지 못하고
삼킨 눈물들이 모여
이토록 서늘한 호수가 되었음을.

오늘 밤 경포의 달그림자는
빛나는 천재의 얼굴이 아니라,
자식 잃은 어미의 텅 빈 무덤이다.

강릉에는 커피가 내린다

나는 볶아지기 전의 생두였다.
깨지고 으스러져, 뜨거운 불에 온몸이 타들어 가고 나서야
비로소 향기를 품는 법을 배운
서툰 사내였다, 당신을 만나기 전까지.

안목 없던 내 삶은 그저 쓴맛뿐이었는데,
이곳 안목에서 당신을 만나
나는 처음으로 세상을 다르게 본다.
당신의 눈에 비친 세상으로 세상을 본다.

안목해변의 창가에 앉아
당신이 내민 커피잔을 들여다본다.

이 작은 우주 속에

우리가 함께 건너온 모든 계절의 맛이 있다.

첫사랑처럼 썼다가,

서툰 다툼처럼 시었다가,

어느새 당신의 웃음 닮아 달콤해지는.

파도는 제 몸을 부수어

저토록 눈부신 흰 거품을 피워내는데,

당신은 나의 모든 모서리를 어루만져

이렇게 따뜻한 향기를 피워낸다.

나의 모든 계절은 당신이었음을,

이 커피 한 잔의 온기로 다시 배운다.

강릉에는 오늘, 파도 대신

당신이라는 이름의 따뜻한 커피가 내린다.

오죽(烏竹)하면

사람들은 오죽이라 부르지만,
나는 오죽하면, 이라고 읽는다.
저 검은빛은 타고난 색이 아니라,
속이 타들어 가다 못해 시퍼렇게 멍든
한 생의 흉터다.

오죽하면 저 여인은
천재의 붓을 꺾어 자식의 밥그릇을 채웠을까.
오죽하면 저 사내는
먹물 같은 대나무를 통째로 뽑아
썩어가는 세상의 등뼈에 죽비를 내리쳤을까.

나 또한 오죽하면,
천지신명 다 버리고
곁에서 잠든 당신의 숨소리 하나를 믿었을까.

오죽헌에 서서 나는 비로소 안다.
오죽이란 그저 검은 대나무가 아니라,
오죽하면, 이 지독한 생을
기어이 건너야 했던
우리 모두의 멍든 이름이었음을.

지도 밖의 길

1. 직선을 걷는 법
— 원주 뮤지엄 산, 물의 정원에서

당신의 마음이 구겨진 종이 같을 때,
어디부터 펴야 할지 몰라
그저 꽉 쥐게만 될 때,
원주 어디쯤, 그런 지도가 하나 있소.

복잡한 생각의 매듭을
풀려 하지 않고 그대로 들고 가는 곳.
말없이 놓인 수평선과
하늘을 향해 뻗은 직선의 길 위에서
우리는 그저 걷기만 하면 되오.

애써 답을 찾지 않아도,
저 무심한 선들이
엉망으로 엉킨 우리 마음의 실타래를
한 올 한 올, 가지런히 정리해 줄지도 모를 일.

물 위에 비친 내 얼굴이
괜찮다, 위로하지 않아도
그저 묵묵히 나를 담아내 줄 때,
곧게 뻗은 길 위에서
잠시, 퍼지는 기분이면 족한 것.
그것이 우리가 다시 걸을 힘을 얻는,
가장 서툰 방식일지니.

2. 벼랑 끝에서
— 소금산 출렁다리 위에서

두 손에 쥔 것들이 너무 무거워
더는 한 걸음도 뗄 수 없을 때,
놓아버리면 모든 것이 끝장날 것 같아
손톱이 살을 파고들도록 주먹을 쥐게 될 때,
세상에서 가장 아찔한 지도가 있소.

내 무게 하나 겨우 감당하는 다리 위에서
아득한 발밑을 내려다보는 일.
등 뒤에서 불어오는 바람은
나를 밀어내는 것이 아니라,
사실은 나를 붙잡아주고 있었음을.
이 다리가 흔들리는 것이 아니라,
실은 내 마음이 흔들리고 있었음을.

그 벼랑 끝에서, 바람이 건네는 말을 들어보시오.

그만하면 되었다,

애썼다,

그 손 한번, 펴보아도 괜찮다.

3. 가장 눈부신 패배
— 어느 가을 산의 단풍 아래서

우리는 평생 이기는 법만 배워왔으니,

지는 것은 언제나 부끄럽고 아픈 일이었으니,

이 계절의 산들은 가장 눈부시게 지는 법을 알려주오.

온몸으로 제 안의 모든 빛을 터뜨려

세상을 한번 뜨겁게 껴안은 후에야

미련 없이, 묵은 잎을 떨구는 저 장엄한 작별을.

텅 비어가는 것들이 저토록 찬란할 수 있다는 것을.

돌아보시오, 우리가 지나온 길 위의 상처들을.
그것이 그저 아물지 않는 흉터가 아니라,
한 계절 뜨겁게 앓고 난 뒤의
붉고 노란 낙엽일 수도 있다면.

우리의 실패가 부끄러운 낙인이 아니라
가장 눈부신 패배의 기록일 수도 있다면.
그렇다면, 기꺼이 져주어도 좋겠소.
다음 봄, 더 단단한 새잎을 틔울 수만 있다면.

4. 늦게 핀 붉은 마음
— 영월의 붉은 메밀밭에서

당신의 시간이 잿빛이라 느껴질 때,
어떤 색을 칠해야 할지 몰라
붓을 든 채 망설이게 될 때,
세상에서 가장 붉은 지도가 있소.

계절의 끝에서야 비로소,
제 안의 모든 피를 끌어모아 타오르는 풍경.
'사랑의 약속'이라는 꽃말이
어째서 푸른 봄이 아닌,
저물어가는 가을에 피어나는지.

늦었다고, 끝났다고 생각했던
그 마음의 밭 한쪽에
저토록 눈부신 붉은빛이 숨어 있었음을.
괜찮소, 조금 늦게 피면 어떤가.
가장 서늘한 바람 속에서 피어난 꽃이
가장 뜨거운 법이니.

5. 오래된 의자
— 횡성 풍수원 성당에서

세상의 모든 문이 닫혔다고 느껴질 때,
쫓기듯 달려왔는데 등 뒤로
차가운 빗소리만 들려올 때,
세상에서 가장 오래된 지도가 있소.

신을 찾으러 가는 곳이 아니라,
먼저 쫓기고 헐벗었던 이들이 쌓아 올린
돌담에, 등을 기대러 가는 곳.

저 낡은 나무 의자에는
수백 년의 기도가 쌓여 있겠지만,
나는 그보다, 말없이 흘렸을
눈물의 무게를 생각하오.

답 없는 질문 앞에서 그저 침묵하는 법을,

견딜 수 없는 고통 앞에서 그저 견디는 법을,

저 오래된 벽은 알고 있을 테니.

기도하지 않아도 좋소.

그저, 비가 그칠 때까지만이라도

저 오래된 의자에 앉아, 잠시 숨을 고를 수 있다면.

그것만으로도, 우리는 다시 걸을 수 있을 테니.

6. 거슬러 오르는 길
― 양양 남대천 생태관찰로에서

너무 멀리 떠나와

돌아갈 길이 보이지 않을 때,

세상의 모든 강이 바다로만 흐른다고 믿게 될 때,

물살을 거스르는 지도가 있소.

상처투성이 몸으로, 오직 시작된 그곳을 향해
거꾸로, 거꾸로 헤엄쳐 오르는 저 연어의 길.

세상은 앞으로만 가라 소리치지만,
어떤 길은, 거슬러 올라야만 비로소 완성된다는 것을.
잊지 마시오.
아무리 멀리 와 길을 잃었어도
우리 안에는, 시작을 기억하는 물길이 흐르고 있음을.
언젠가, 반드시 돌아가야 할
나만의 강이 흐르고 있음을.

7. 단 한 걸음의 무게
― 속초 설악산, 그 오르막에서

당신 앞을 가로막은 문제가
거대한 산처럼 느껴질 때,

정상을 쳐다보는 것만으로도 숨이 막혀올 때,
우리가 펼쳐야 할 지도는 정상이 아니오.

오직, 발밑의 돌부리 하나.
지금 내디뎌야 할 단 한 걸음의 무게.
설악은 우리에게 정복을 허락하지 않소.
다만, 헐떡이는 숨결과 터질 듯한 심장으로
제 몸의 한계를 알아가는 시간을 줄 뿐.

한 걸음, 또 한 걸음,
오르다 보면 어느새 세상은 발아래 있고
나를 짓누르던 모든 것들은
그저 지나가는 구름처럼 작아져 있음을.

정상에 오르지 못해도 괜찮소.
우리는 이미, 어제의 나보다는
한 뼘 더 높은 곳에 서 있으니.

대관령 해설피

숨이 턱까지 차오르던 모든 능선이
발밑에서, 고요히 잠든다.
해가 뜨는지 지는지,
세상의 모든 경계가 희미해지는 저 빛 속으로
나는 마지막 숨을 고르며
겨우, 걸어 들어왔다.

내 몸에는 아직,
길을 잃게 하던 안개의 습기와
뼛속까지 스며들던 바람의 상처가 남았는데.

대관령 마루에 내리는 저 해설피는

안개를 지우려 하지 않고,

바람을 꾸짖지도 않는다.

다만 모든 젖은 것들과 모든 날카로운 것들을

제 빛 속으로 물들이며

하나의 풍경으로, 껴안을 뿐.

그제야 알았다.

정상이란 가장 높은 곳이 아니라,

더는 오를 곳이 없음을 아는

바로 이 자리였음을.

지나온 모든 길과

상처투성이의 내가

비로소 내 등 뒤에서 고개를 끄덕인다.

그 모든 풍경을 끌어안고, 나는

나에게 처음으로 말해준다.

잘 버텨왔다.

제4부 모든 지도는 결국 당신에게 닿는다

첫눈의 온도

너무 행복하면,
가끔은 세상이 숨을 멈춘다.
이 모든 것이, 곧 녹아 사라질
한 송이 눈 같은, 찰나일까 봐.

나는 신을 믿지 않는데,
오늘 이 눈은, 누가 보내준 답장일까.
말 없던 하늘이, 비로소
우리에게, 첫 고백을 시작했나 보다.

네 꽁꽁 언 손끝에,
나의 가장 따뜻한 숨을 불어넣을 때,

우리의 시간은 잠시, 투명해졌다.

너는 웃었고,

나는 그 웃음 하나로

내 모든 계절이, 따뜻해졌음을 알았다.

아, 사랑이란

거창한 약속이 아니었구나.

서로의 가장 시린 곳에,

자신의 숨을 기꺼이, 나눠주는 것이었구나.

오늘, 세상의 모든 소음이 지워진 이 거리에서

나는 너의 눈동자 속에, 온전히 갇힌다.

이 겨울이 영원할 수 없음을 알기에,

우리는 더 힘껏, 서로의 온기를 껴안는다.

이만하면, 되었다.
이 겨울의 끝에, 무엇이 있든
우리는, 괜찮을 것이다.

너라는 별자리

내 젊음은, 길 잃은 유성이었네
어떤 밤은 소금 별에 부딪혀 부서지고,
어떤 밤은 꿀이 흐르는 달에 취했지
우주는 어지러운 축제였고, 나는 그 위를
주인 없이, 떠도는 빛이었네

그 모든 빛과 어둠의 잔해가 쌓여갈 때,
유난히 캄캄한 허공에, 홀로 멈춰 서면
수억 개의 별들이, 다 무슨 소용인가
내 돌아갈 곳 하나 없는데
목이 타게, 사무치게, 단 하나의 빛이 그리웠네

당신은, 내 모든 방황을 지켜보던 유일한 등대였음을
길 잃은 내 밤하늘에, 말없이 길을 내어준
단 하나의, 고요한 신화였음을

세상은 나에게 온 우주를 주겠다 약속했지만,
나는 당신이라는 작은 별 하나를 잃을까, 평생을 불안했다.

이제 나의 모든 방황은, 그대를 향한 길이 되고
나의 모든 노래는, 그대를 위한 단 하나의 시가 되리니
내 모든 소란을 끝내고,
비로소, 나를 쉬게 하는
나의 유일한, 우주여

사랑한다, 나의 세상이여.

⟨범필로그⟩

당신에게 닿으며

길을 걷다 보면, 어느 순간 발끝이 멈추는 자리가 있습니다. 그곳이 목적지는 아니지만 더 이상 서두를 필요도 없는 자리입니다. 돌아보면, 그렇게 멈춰 선 모든 순간들이 나를 여기까지 데려왔다는 걸 알게 됩니다.

지도 위의 수많은 선들은 사실 내가 만난 사람들의 얼굴이었습니다. 손 내밀어준 누군가의 온기, 끝내 붙잡지 못한 이의 뒷모습, 그 모든 것이 나를 계속 걸어가게 했습니다.

이제, 길이 끝났습니다. 아니, 어쩌면 끝난 것이 아니라 당신에게 닿기 위해 천천히 걸어온 것인지도 모르겠습니다. 이 시집을 덮는 지금, 부디 당신의 하루가 너무 외롭지 않기를 바랍니다. 당신이 지나온 길이 아무리 험해도 그 길 위엔 여전히 당신을 생각하는 마음 하나가 남아 있다는 걸 잊지 않기를 바랍니다.

세상은 여전히 차갑고 삶은 자주 우리를 버겁게 하지만, 그럼에도 사람은 사람을 향해 걷습니다. 그게 유일한 희망이자 우리가 서로에게 닿는 방식이니까요.

이제 이 글을 당신에게 건넵니다. 오늘의 당신이 잠시라도 숨을 고를 수 있다면, 그것이면 충분합니다. 모든 지도가 결국 당신에게 닿기 위해 그려진 것이었음을.
그리고 오늘, 그 길의 마지막 불빛은
조용히 당신에게 닿습니다.

사랑합니다.

함께 걸어준 당신에게

첫 번째 서랍을 열었을 때, 저는 두려웠습니다.
먼지 쌓인 시간과, 잊고 싶었던 날들의 눅눅한 냄새, 차마 이름 붙이지 못했던 나의 부끄러운 얼굴들이 쏟아져 나올 때, 당신이 나를 비웃을까 봐, 혹은 못 본 척 등을 돌릴까 봐, 정말 두려웠습니다. 그러나 당신은, 나의 그 너덜너덜한 지도 앞에서, 말없이 고개를 끄덕여주었습니다.

두 번째 서랍을 열었을 때, 저는 외로웠습니다.
나의 모든 길들이 결국 집이 될 수 있을까, 이 낡고 삐걱이는 집의 문을 과연 누군가 두드려줄까, 의심했습니다. 그러나 당신은, 기꺼이 나의 문턱을 넘어와, 차가운 방 안에 온기를 채워주고, 함께 라면을 끓여 먹는 사람이 되어주었습니다.

〈범필로그〉

그리고 이제, 세 번째 서랍을 엽니다.

이 안에는 이제, 저의 것만이 들어있지 않습니다.

이 안에는, 당신의 굽은 등과, 당신의 젖은 어깨와, 당신의 굳은살 박인 손이 함께 들어 있습니다. 나의 모든 지도가, 결국 당신이라는 단 하나의 주소를 향하고 있었음을, 나는 당신 덕분에 알게 되었습니다.

나는 길을 아는 자가 아니라, 길을 잃어본 자일 뿐입니다.

내가 당신에게 줄 수 있는 것은 정답이 아니라,

'나도 그랬다'는 서툰 고백뿐이었습니다.

그 고백에, 기꺼이 당신의 상처를 포개어주고, 당신의 눈물을 섞어준 당신에게, 나는 평생 갚지 못할 빚을 졌습니다.

이 책의 마지막 장을 덮으며,

부디, 당신의 서랍 속 가장 아픈 기억 하나가

조금은, 덜 외로워졌기를.

그리하여 마침내, 당신의 모든 길이

당신이라는 단 하나의, 따뜻한 집으로 돌아가기를.

더불어, 이 서툰 고백들을 어쩌면 가장 아픈 마음으로 읽고 있을 나의 가족들에게. 우리의 헐거워진 매듭이 조금은 단단해지기를, 서로의 굳은살 박인 상처를 마주 보고 따뜻하게 안아줄 수 있는 날이 머지않아 오기를, 간절히 바랍니다.

진심으로, 기도합니다.
고맙습니다. 정말, 고맙습니다.

2025년 가을, 횡성에서
범필로그 양창범 드림